Research on the Economic
Integration of the
Wuhan Megalopolis

城市圈经济一体化研究
——以武汉城市圈为例

蒲丽娟 著

西南财经大学出版社
·成都·

图书在版编目(CIP)数据

城市圈经济一体化研究:以武汉城市圈为例/蒲丽娟著.—成
都:西南财经大学出版社,2015.6
ISBN 978 – 7 – 5504 – 1985 – 8

Ⅰ.①城… Ⅱ.①蒲… Ⅲ.①城市经济—经济发展—研究—
武汉市 Ⅳ.①F299.276.31

中国版本图书馆 CIP 数据核字(2015)第 138704 号

Chengshiquan Jingji Yitihua Yanjiu——Yi Wuhan Chengshiquan Weili

城市圈经济一体化研究——以武汉城市圈为例
蒲丽娟 著

责任编辑:杨 琳
封面设计:杨红鹰
责任印制:封俊川

出版发行	西南财经大学出版社(四川省成都市光华村街55号)
网 址	http://www.bookcj.com
电子邮件	bookcj@foxmail.com
邮政编码	610074
电 话	028 – 87353785 87352368
照 排	四川胜翔数码印务设计有限公司
印 刷	四川五洲彩印有限责任公司
成品尺寸	148mm × 210mm
印 张	8.25
字 数	195 千字
版 次	2015 年 6 月第 1 版
印 次	2015 年 6 月第 1 次印刷
书 号	ISBN 978 – 7 – 5504 – 1985 – 8
定 价	48.00 元

内容摘要

　　随着现代经济的发展，人们越来越认识到城市圈经济一体化建设在社会经济活动中的重要性。它一方面反映了城市圈经济发展的水平，一方面又是经济发展的必然趋势。探讨城市圈经济一体化的内涵、意义、机制，可以更好地指导区域经济实践，并提升城市圈的竞争力。

　　本书选择城市圈经济一体化为研究主题，是基于以下背景：首先，20世纪90年代以来，世界经济呈现出经济全球化、区域经济一体化并存的态势；其次，随着经济增长的需要，以大城市为核心构成的城市圈是一种重要的城市空间组织形式，在促进我国区域经济协调发展中发挥着重要作用；最后，2007年12月7日，国务院正式批准武汉城市圈为"资源节约型和环境友好型社会建设综合配套改革实验区"，这一"两型"社会概念的提出对带动中部地区的发展有重要的战略意义。

　　在上述背景下，本书以武汉城市圈——武汉以及在其100公里半径内的黄石、鄂州、孝感、黄冈、咸宁、仙桃、潜江、天门8个城市构成的"1+8"城市圈为研究区域，按照"提出问题—分析问题—解决问题"的研究思路展开。首先，提出问题。依据现实背景与研究意义，提出研究武汉城市圈经济一体化的问题。其次，分析问题。通过对相关理论的梳理，提出城市圈经济一体化的内涵和基本要求，并构建了促进其发展的三大运行机制；再结合武汉城市圈的发展现状，用计量分析方法对其一体化进程中的基础设施、产业布局、区域市场、城乡建设、环境保护与生态建设五个方面进行实证分析，总结出武汉城市圈一体化机制建设中存在的问题——市场机制不健全、政府机制不到位、民间组织机制不完善。最后，解决问题。有针对性地提出了相应的发展机制优化措施和保障体系建设思路。

本书对于在理论上深入认识经济一体化的内涵和机制，在现实中继续促进改革开放、落实科学发展观，加快武汉城市圈"两型"社会建设，培育生态文明、促进中部崛起等方面都具有一定的现实意义。本书的研究难点在于：一是从理论上阐明城市圈经济一体化的含义及特点；二是构建一体化运行机制，并提出城市圈经济一体化的评价指标体系及方法；三是结合武汉城市圈发展现实判断其城市圈一体化演进水平，提出如何促进城市圈经济一体化建设。

本书共分为9章：

第1章，导论。①说明本书的选题背景和研究意义。②对国内外有关"城市圈"和"经济一体化"的研究进展进行简要回顾和梳理，为本书的研究做好理论准备。③阐述了本书的具体研究区域和研究内容。④总结了本书的研究方法和分析框架。⑤概括本书可能的主要创新与不足之处。

第2章，基本概念与基础理论。①明确了"城市""城市圈"和"城市圈经济一体化"三个基本概念。②阐述了城市圈经济一体化的基础理论，主要包括古典区位理论、空间相互作用理论、区域分工协作理论，其中核心理论是空间相互作用理论和区域分工协作理论，并对各项理论的运用方法进行了总结分析和简要评述。通过上述分析，形成本书的基础理论部分。

第3章，城市圈经济一体化的基本要求与评价体系构建。

①阐述了城市圈经济一体化的几个基本要求，明确了其基本要点、发展内容和发展目标。②对城市圈经济一体化进行评价体系的构建。通过分析构建评价体系的系统性、导向性、重要性、独立性、可操作性和动态性的原则，选取5大类15小类的评价指标，对基础设施、产业布局、区域市场、城乡建设、环境保护与生态建设五个方面进行一体化判断和评述，再进一步采用主成分分析法综合上述五个方面对各城市的城市圈经济一体化水平进行综合评价。

第4章，城市圈经济一体化的机制构建。①提出了城市圈经济一体化的机制架构，即要从市场、政府、民间组织三个方面进行机制建设，三者联合作用于城市圈的发展，缺一不可，互相补充。②分三个部分逐一阐述三者的作用和固有的缺陷，解释为何三者共同作用才能更好地推动城市圈经济一体化进程。

第5章，国内外城市圈经济一体化发展的启示。①对国外的纽约、伦敦、东京、巴黎四大都市圈的发展进行分析，总结其发展经验和启示。②对国内的长三角、珠三角和京津冀三大城市圈的发展进行分析，总结各自的发展经验。③总结城市圈经济一体化建设的共同启示，为武汉城市圈的一体化建设提供可借鉴的经验。

第6章，武汉城市圈经济一体化的现状与机制分析。①介绍"武汉城市圈"这一概念的提出过程，并对相关政策进行了梳理，还对"武汉经济圈"曾经多种提法混用的情况进行了解释。②对武汉城市圈建设一体化的良好条件进行了阐述。③对武汉城市圈经济一体化的发展现状进行了实证研究，按照前述评价体系构建的五个方面对应地选取量化指标来进行评价分析。④依据前文所述，比照三大机制所发挥的作用，指出武汉城市圈在机制建设方面的不足之处，即"市场机制不健全、政府机制不到位、民间组织机制不完善"。

第7章，武汉城市圈经济一体化机制的优化设计。本章在分析武汉城市圈经济一体化现状的基础上，针对机制建设方面的不足提出了有针对性的解决措施，指出城市圈只有实现机制创新，充分发挥政府、市场、民间组织的作用，才能真正实现经济的一体化。

第8章，武汉城市圈经济一体化建设的总体思路、原则和措施。①针对目前武汉城市圈的发展现状及障碍，提出协调圈内城市发展的总体思路和基本原则。②依据前文分析的城市圈一体化的五个方面，分别阐述了相应的发展措施及政策建议。

第9章，结语与研究展望。本章是对全书的总结，并归纳了在研究过程中形成的理论见解，同时提出未来需进一步深入研究的问题。

本书坚持理论与实践相结合，在以下几个方面着力进行了探索和尝试：

（1）在研究背景方面，本书以经济全球化、区域一体化以及武汉城市圈"两型"社会的构建为背景，结合国家"中部崛起"战略的实施，对武汉城市圈的形成演变过程及特征进行了总结，进而提出了推进其一体化建设的基本内容和发展目标。

（2）在理论研究方面，本书清楚地界定了"城市圈"的概念，并将其与"大城市带""城市群""大都市连绵区""都市圈"等相关概念加以区分和辨析。在此基础上，笔者提出并阐述了"城市圈经济一体化"的理论含义，并深入研究了其运行机制，即政府、市场、民间组织相互作用的三位一体机制，具体阐述了自己的观点和见解。

（3）在实证研究方面，本书建立了城市圈经济一体化的评价指标体系，并对其评价方法进行了探索。通过对区域内各城市经济数据的比较分析，运用区位熵（LQ_{ij}）、经济联系强度（R_{ij}）、经济联系隶属度（F_{ij}）、中心城市首位度（S）、产业结构比例等统计指标，较为直观地阐述了武汉城市圈经济发展的现状特征，并根据五个城市圈一体化评价内容选取了 15 项指标建立了评价体系。采用主成分分析法，选取重要的因子进行 SAS 分析，计算出综合评价指数，得出城市圈内各城市经济一体化的综合评价指数，为区域经济一体化的判断提供了操作性强的计量方法，从而较好地将理论研究与实证分析结合起来。

（4）在推动武汉城市圈经济一体化的政策建议方面，本书从一体化建设的五个方面具体提出了相应的措施和建议，包括完善基础设施建设、发挥产业集聚功能、优化政府协调职能、促使公共服务均等化、加强资源保护立法等具体措施。

关键词：城市圈 武汉城市圈   经济一体化

Abstract

With the development of modern economy, more and more people pay attentions to the importance of the construction of economic integration in the social economic activities, one hand, it reflects the level of economic development of the megalopolis; the other hand, it is the inevitable trend of economic development. Explore the meaning of economic integration, significance, mechanisms and methods to better guide regional economic practice, and to enhance the competitiveness of the megalopolis.

This article selects "megalopolis economic integration" as the research topic is based on the background of the following three aspects: First, since the 1990s, the world economy is showing a trend of economic globalization and regional economic integration coexist; Second, as the economy growing needs of the city as the core components of the megalopolis is an important form of organization of urban space, it plays an important role in promoting regional economic development in China; Finally, on December 7, 2007, the State Council officially approved Wuhan Megalopolis " resource - saving and environment - friendly society building comprehensive reform experimental zone", the proposal of the concept of the "two-oriented society" led the development of the central region of strategic importance.

With the above context, the Wuhan Megalopolis – Wuhan as well as within a 100 km radius Huangshi, Ezhou, Xiaogan, Huanggang, Xianning, Xiantao, Qianjiang, Tianmen 8 cities constitute "1 + 8" megalopolis as the study area, This article use the method of "expand the questions – analysis of the problem – solve the problem" to research. First of all, expand the questions. Based on the real background and significance, refers to "the Wuhan Megalopolis economic integration". Second, analysis of the problem. Exploration of relevant theories of megalopolis economic integration of the basic requirements and the construction of three major mechanisms; combined with the current development of the Wuhan Megalopolis, econometric analysis of the process of integration of the Wuhan Megalopolis, including five aspects empirical analysis of "the infrastructure, the industrial layout, the regional market, urban and rural construction, environmental protection and ecological construction", summed up the problems in the construction of Wuhan Megalopolis integration mechanisms – "The market mechanism is not perfect, the government mechanisms in place, civil society organizations mechanisms are inadequate." Finally, solve the problem. Puts forward the development mechanism optimization measures and security system.

Papers in theory–depth understanding of the meaning and mechanisms of economic integration; continue to promote the reform and opening up in reality, the implementation of the scientific concept of development, explore new urbanization pattern of land development, accelerate the construction of "two–oriented society" to cultivate an ecological civilization such areas have a certain significance. The difficulty of this research are: Firstly, to clarify the meaning and characteristics of the megalopolis economic integration; Secondly, to build an integrated operating mechanism, and proposed evaluation index system and method of the megalopolis economic integration; Thirdly, to combined with the reality of the development of Wuhan Megalopolis the level of integration of the evolution of recommendations on how to promote megalopolis economic integration.

The thesis is divided into nine parts.

Chapter 1, Introduction. Firstly, an explanation of the background and significance. Secondly, a brief review of research progress at home and abroad about the "Megalopolis" and "Economic Integration" and sort out the theoretical preparation for the study. Thirdly, on the specific research area and research content. Fourthly, the article summarizes the research methods and analytical framework. Finally, summed up the main innovation of this article may be insufficient.

Chapter 2, the basic concepts and basic theory. Firstly, clear the three basic concepts of the "City", "Megalopolis" and "Megalopolis economic integration". Secondly, explains the basic theory of the megalopolis economic integration, including: classical location theory, spatial interaction theory, the regional division of labor theory. Through the above analysis, forms the basis of the theoretical part of this article.

Chapter 3, the basic requirements of megalopolis economic integration and evaluation system. Firstly, elaborate the basic requirements of the megalopolis economic integration, clear its basic elements, content development and development goals. Secondly, the megalopolis economic integration evaluation system. Select five categories, 15 subcategories evaluation by analyzing the build systematic

evaluation system, oriented, the importance of independence, opera-
bility and dynamic principle, refers to five areas of "infrastructure,
industrial layout, regional markets, urban and rural construction and
environmental protection and ecological construction", integration of
judgments and comments, further comprehensive evaluation of the
level of economic integration of each city using principal component
analysis of the five aspects.

Chapter 4, Build Megalopolis economic integration mechanism.
Firstly, the proposed institutional architecture of the megalopolis eco-
nomic integration, that is, from the market, the government, non-
governmental organizations, three aspects of institution-building. Sec-
ondly, divided into three parts one by one elaborate the role of the
three and inherent defects.

Chapter 5, The Development and Enlightenment of the domestic
and international megalopolis economic integration. Firstly, the four
metropolitan development megalopolis of New York, London, Tokyo,
Paris, summed up the experience and inspiration of their experience.
Secondly, the development of the Yangtze River Delta, Pearl River
Delta and Beijing-Tianjin-Hebei three megalopolis, summed up their
own development experience and enlightenment. Finally, summed up
the megalopolis economic integration of the common revelation,
provide useful experience for the integration of the construction of the
Wuhan Megalopolis.

Chapter 6, Analysis of Wuhan Megalopolis economic integration.
Firstly, the introduction of the proposed process of Wuhan
Megalopolis. Secondly, described the situations of Wuhan
Megalopolis. Thirdly, followed by an empirical study on the current
development of Wuhan Megalopolis economic integration. Finally,

compare the inadequacies of Wuhan Megalopolis mechanism construction.

Chapter 7, The mechanism optimal design of Wuhan Megalopolis economic integration. This chapter gives a solution for each of three mechanisms proposed in Chapter 6. It pointed out that the megalopolis needs mechanism innovation. and it needs to give full play to the role of government, market, civil society organizations.

Chapter 8, The Wuhan Megalopolis integrated security system. First, the development status and obstacles of Wuhan Megalopolis, the general idea of the urban development and basic principles of the megalopolis. second, give the appropriate measures for the development guidance.

Chapter 9, Conclusion and Outlook. This chapter is the full text of research to draw conclusions summarized, and summarized some of the major revelation in the paper.

In this paper, the study adhere to the theory and practice focus on innovation to explore and try in the following areas:

(1) In the background of the study, the background of economic globalization, regional integration, and Wuhan Megalopolis "two - oriented society", combined with the country "Rise of Central China" strategy .

(2) In the theoretical research, the paper clearly defines the concept of "Megalopolis", and the author elaborate the meanings of "Megalopolis Economic Integration", and its development objectives and basic content analysis, and give her own opinions and views.

(3) In the empirical research, the paper established a new exploration of the evaluation index system of the megalopolis economic integration and its evaluation methods.

(4) In terms of policy recommendations to promote the economic integration of Wuhan Megalopolis, the paper elaborated this from five aspects of the integration. Including: improvement of infrastructure construction and the industrial centralization, optimization of the functions of government coordination, promote equalization of public services, use specific measures to strengthen resource protection legislation, and so on.

Key Words: **Megalopolis;** **The Wuhan Megalopolis;** **Economic Integration**

目　录

5 国内外城市圈经济一体化发展的启示 / 106

5.1 国外都市圈的经济一体化发展 / 106

5.1.1 纽约都市圈发展概述 / 106

5.1.2 伦敦都市圈发展概述 / 110

5.1.3 东京都市圈发展概述 / 115

5.1.4 巴黎都市圈发展概述 / 119

5.2 国内城市圈的经济一体化发展 / 122

5.2.1 长三角城市经济圈发展概述 / 122

5.2.2 珠三角城市经济圈发展概述 / 125

5.2.3 京津冀城市经济圈发展概述 / 128

5.3 国内外城市圈经济一体化的启示 / 131

5.3.1 政府规划是实现城市圈经济一体化的先决条件 / 131

5.3.2 基础设施是实现城市圈经济一体化的基本条件 / 133

5.3.3 产业优化是实现城市圈经济一体化的必要条件 / 133

5.3.4 自主创新是实现城市圈经济一体化的根本动力 / 134

5.3.5 实现城市圈经济一体化需三大机制共同作用 / 135

4　城市圈经济一体化研究——以武汉城市圈为例

1 导论

1.1 选题背景和研究意义

1.1.1 选题背景

1.1.1.1 经济全球化和区域一体化

自 20 世纪 90 年代以来，世界经济呈现出经济全球化、区域经济一体化和各区域谋求自身经济发展并存的态势。在和平与发展的世界性主题下，随着生产力水平的迅速提高，经济资源在全球范围内大规模和高强度流动，经济全球化趋势成为最重要的时代特征，导致了经济活动在区域尺度范围分离和在全球尺度范围一体化的二重性特征。① 同样，一个地区要加快发展，既需要立足于本地的资源禀赋，又需要在更大范围内优化配置资源，拓展其发展空间。早期的区域一体化组织包括经济发达的欧洲共同体、欧洲自由联盟、拉丁美洲自由贸易协会、东南亚国家联盟、中非关税同盟等。目前，随着经济全球化趋势的加强，区域一体化的进程也明显加快，世界各地已建立了各种

---

① 丝奇雅·沙森. 全球城市：纽约、伦敦、东京 [M]. 周振华，译. 上海：上海社会科学院出版社，2005：1.

类型、各种层次的区域性或次区域性的经贸集团，参与的国家也遍布全球。① 在此过程中，以发达城市为核心构成的经济联盟，成为区域经济一体化的核心力量。这些城市以其强大的集聚与辐射功能，不断地扩散和输出资本、技术、信息、产业和服务，成为区域经济发展的增长极，推动着这个区域经济的发展。欧洲是世界上区域经济一体化发展最快的地区，1993 年由"欧共体"发展而来的"欧盟"正式诞生，随着欧元的启用，其一体化程度和规模更为突出。1994 年由美国、加拿大、墨西哥三国签署的《北美自由贸易协定》开始实施，目前北美自由贸易区已发展成熟，彼此间无关税壁垒，贸易投资全面自由化，成为全球最大的自由贸易区，带动了整个北美地区经济和贸易的发展。

1.1.1.2 城市集群化和经济协作化

在区域一体化的进程中，以大城市为核心构成的城市集群成为区域经济发展的重要力量。城市的集群发展作为一种新的城市空间组织形式，在促进区域经济发展中发挥着越来越重要的作用。任何区域要想获得和保持竞争优势，就必须思考区域协调整合发展的思路和机制。这种城市集群构成了城市圈（都市圈）经济，圈内各城市也主动呈现出协作发展的态势，通过整合资源优势，优化资源配置，平衡各地政府利益，促进城市圈内的产业分工，提升城市圈的产业竞争力。世界经济发展的实践证明，纽约、伦敦、巴黎、东京等这些被称为"世界城市（World City）"的国际大都市对世界经济的控制能力不仅来自于自身的强大，更在于它们都有一个支撑其发挥控制职能的高度发达的城市圈（都市圈），为其经济发展提供了强大动力，推

---

① 张震龙. 两湖平原经济一体化发展战略研究 [D]. 武汉：华中科技大学，2005：2.

动了经济全球化朝着均衡、普惠、共赢的方向发展。

　　在全球知名城市抱团发展成功的背景下，研究城市圈经济的一体化协调发展，既是应对经济全球化和区域经济一体化的必然要求，也是参与全球区域竞争合作的必然选择。城市圈的产生和发展为区域经济的快速发展带来了巨大的活力与影响力，使其能在更大范围以及更高层次上参与国际经济合作与竞争。目前，我国东、中、西部地区都在积极培育具有自身特色的城市圈。

　　东部地区的长三角、珠三角以及京津冀三大城市圈已跨入快速发展期，经济发展水平和一体化进程均位居全国前列。以上海为中心的长三角城市圈被公认为是我国城市体系最完善、经济条件最成熟的地区。中部地区城市圈一体化进程也在逐步加快。除武汉城市圈外，由河南、晋东南、鲁西南、冀南、皖北的部分区域组成的中原经济区已进入规划阶段①；长株潭城市群已实施"交通同环、电力同网、金融同城、信息共享、环境共治"等一体化策略。② 西部地区也正在强力打造环北部湾经济圈和成渝全国统筹城乡综合配套改革试验区等。另外，东南沿海以厦门、漳洲、福州、汕头为中心的闽东南城市圈，东北以哈尔滨、齐齐哈尔、大庆为中心的松嫩平原城市圈，以及以福建为主体，涵盖台湾海峡西岸，包括浙南、粤北和江西部分地区的海西城市圈也日益被人们所关注。

　　1.1.1.3　中部崛起和"两型"社会的构建

　　中部地区位于我国内陆腹地，包括山西、安徽、江西、河南、湖北、湖南六省，具有明显的区位优势，在我国经济社会

---

　　① 康凤立. 剑指战略转型，助力中原崛起——农商行服务中原经济区建设促进"三化"协调发展的定位及有效途径 [N]. 中华合作时报，2012-08-20.

　　② 张治江，曹楠. 发展长株潭城市群的建议与启示 [J]. 理论前沿，2009 (24)：32.

发展中占据了重要地位。改革开放前，在封闭的发展条件下，中部地区的区位优势充分显现，其在地区发展中的中心地位不断加强，以武汉等大城市为代表的中部地区曾经是我国经济建设的重点区域。改革开放后，我国经济发展战略逐步由"进口替代"转向"出口导向"，地区发展战略实行沿海地区率先对外开放。在全球化分工体系中，沿海地区面向国际市场的区位优势超越了中部地区面向国内市场的区位优势。在提出"武汉城市圈"这一概念以前，中部地区受经济全球化加深和国内市场化改革双重因素的影响，呈现明显的边缘化特征，表现为经济地位下降、市场覆盖面缩小、城市影响力减弱、制造业衰退、就业萎缩、劳动力外流、生产要素外流，在宏观政策中的地位被"边缘化"。从各种因素看，呈现明显的"中部塌陷"特征。

目前，造成"中部塌陷"的主要原因在于中部地区缺少能够有效促进区域经济协调发展的大城市圈的带动。[①]"十一五"期间，中部崛起政策效果明显，中部地区的经济社会发展取得巨大成就，投资环境进一步优化，人民生活水平不断提高，但是和东部发达地区比较，仍有较大的差距。党的十八大报告指出，继续实施区域发展总体战略，充分发挥各地区的比较优势，优先推进西部大开发，全面振兴东北地区等老工业基地，大力促进中部地区崛起，积极支持东部地区率先发展。中部崛起成为新时期我国区域协调发展中必须高度重视的一个问题。

武汉城市圈地处中国中西部的接合处，它既位于长江流域的中部，也位于中部地带五省（河南、安徽、江西、湖北、湖南）的中心位置。这种"中部之中"的综合区位优势使得其成为东连长三角、南接珠三角、西依大三峡、北承大中原的桥梁

---

① 蒲丽娟."大武汉"城市圈经济一体化发展研究［D］.成都：西南财经大学，2010：10.

和纽带，并起着承东启西、贯通南北的独特作用。① 武汉城市圈是武汉及周边八个城市组成的一个经济联合体，不仅是长江流域中部产业和生产要素最密集、最具活力的区域，也是中西部最具发展潜力的区域之一。

2007 年 12 月 7 日，国务院正式批准武汉城市圈为"资源节约型和环境友好型社会建设综合配套改革实验区"，这就要求武汉城市圈在注重经济发展物质成果的同时，更要注重降低发展成本和减少发展代价，特别是降低资源消耗和减少生态环境污染。"两型"社会的提出将武汉城市圈的发展上升到国家层面，使其成为推动湖北地区、华中地区和长江流域迅速发展的一支重要主力军，能够成为带动中部地区崛起的增长极和辐射源。

1.1.2 研究意义

1.1.2.1 理论意义

本书以武汉城市圈为研究对象，在总结国内外学者现有经济一体化理论的基础上，运用区域经济学、城市经济学、经济地理学的基本理论，对武汉城市圈经济一体化进行了较为深入的思考和研究。还运用产业经济学、统计学的相关理论和分析指标，采用理论联系实际、宏观中观微观相结合的分析方法，为城市圈经济一体化研究提供了较为系统的理论依据和研究思路，构建了一套操作性较强的评价体系，这对城市圈经济一体化研究体系的完善有一定的意义。具体表现在：

首先，根据区域经济学和经济地理学的相关理论，较为清楚地界定了城市圈的概念，并将其与都市圈、城市场、都市连绵区、行政区等相互混用的概念加以区分和辨析，为深入研究提供了一定的理论支撑。

---

① 程馨. 武汉城市圈产业一体化研究 [D]. 上海: 华东师范大学, 2007: 9.

其次，在一定程度上解决了国内区域经济一体化研究中所存在的理论支撑不足、分析方法偏重定性描述以及视角偏窄等问题。目前，跨国家的区域经济一体化（不同政治体制下）研究体系比较完善，如"关税同盟""大市场理论"等；而一国内部的区域经济一体化（同一政治体制下）的研究体系还不健全，如"分工协作""空间结构"等理论的运用还相对欠缺。本书旨在通过对这些理论的分析研究，解决武汉城市圈一体化的建设问题。

最后，在一定程度上深化了目前国内外城市圈经济一体化研究的理论。除了对城市圈发展现状的问题分析，还提出了城市圈一体化的发展机制，即市场、政府、民间组织"三位一体"的机制；在一体化评估的计量分析方面，运用五大类一体化指标进行了系统分析和综合分析，操作性较强。

1.1.2.2 现实意义

首先，对促进改革开放，落实科学发展观有重要意义。党的十六届三中全会首次明确提出科学发展观。科学发展观落实在城市化问题上，就应该顺应城市发展的群体化趋势，这是社会生产力和城市化发展的必然结果。同时，科学发展观要求统筹城乡发展、统筹区域发展。城市圈中的相关城市各扬其长，相互独立且相互联系地组成一个有机综合体，既可避免大城市过于膨胀的弊病，又可较好地促进大区域内的平衡发展和城乡协调发展。因此，城市圈的构造及其发挥的作用，符合科学发展观的要求。

城市圈的发展也要以科学发展观为指导。一是城市圈发展要生态化，必须以科学发展观为指导。科学发展观强调城市发展应遵循经济规律和生态规律，要求城市是经济效益和生态效益相统一的城市。城市圈要依据空间结构功能的一体化来组织整个生产、消费和废物处理过程。这样既有利于土地资源和基础设施集约使用，也有利于建立集约高效的交通运输体系。二是城市圈发展要可持续，也必须以科学发展观为指导。我国总人口已达13亿，"人多地少、基础差、底子薄"的基本国情，决定了我国必须走集约型的城市化道路，依托城市圈来集约组织区域经济发展和完成城市化的艰巨任务，通过城市圈内部高度的专业化分工与协作，逐步建立相对独立又相互依赖、高度开放并积极参与全球经济分工的产业体系，最终实现城市圈的可持续发展，并以此推动整个国家快速迈入现代化。①

其次，对探索新型城市化道路、优化国土开发格局有重要意义。改革开放以来，国家先后出台了沿海开放战略、沿江开放战略（主要是浦东新区）、西部大开发战略和振兴东北战略。在这一过程中，中部地区曾一步步被边缘化，面对这种可能还将持续的趋势，中部地区不应该怨天尤人，而应该善于运用空间集聚经济规律，打造区域经济新的增长极。中部地区资源有限，应该走集约型城市化道路，通过有限资源在优势地区的空间集聚作"据点式"发展，以此推动区域的工业化、城市化和现代化进程。

党的十七大报告指出："推动区域协调发展，优化国土开发格局。加强国土规划，按照形成主体功能区的要求，完善区域政策，调整经济布局。遵循市场经济规律，突破行政区划界限，形成若干带动力强、联系紧密的经济圈和经济带。"② 党的十八大报告再次提出："优化国土空间开发格局，要按照人口资源环境相均衡、经济社会生态效益相统一的原则，控制开发强度，调整空间结构，促进生产空间集约高效、生活空间宜居适度、

---

① 苗长虹. 城市群作为国家战略：效率与公平的双赢 [J]. 人文地理，2005（5）：21.

② 胡锦涛. 高举中国特色社会主义伟大旗帜，为夺取全面建设小康社会新胜利而奋斗 [N]. 人民日报，2007-10-15.

生态空间山清水秀，给自然留下更多修复空间，给农业留下更多良田，给子孙后代留下天蓝、地绿、水净的美好家园。"① 党的十八大报告再次对继续实施区域发展总体战略做出全面部署，使区域发展总体战略的内涵更为丰富、实践要求更加明确，完全符合我国社会主义初级阶段基本国情，符合我国现阶段区域发展实际。

与此同时，相关部门还根据主体功能区规划的要求，对武汉城市圈进行优化开发区域、重点开发区域、限制开发区域和禁止开发区域的划分，实行集约开发、梯度布局，实现国土空间的有序发展。按照党的十七大报告的要求，对经济比较发达、人口比较密集、开发强度较高、资源环境问题更加突出的区域，进行工业化城镇化的"优化"开发；对具备一定经济基础、资源环境承载能力较强、发展潜力较大、集聚人口和经济条件较好的区域进行"重点"开发；对耕地较多、农业发展条件较好、资源环境承载能力较低，不具备高强度、大规模工业化城镇化开发条件的区域进行"限制"开发；对依法设立的各级各类自然文化资源保护区域②和其他禁止进行工业化城镇化开发、需要特殊保护的重点生态功能区，"禁止"开发。③

再次，对探索"两型"社会建设，培育生态文明有重要意义。从十七大到十八大，我党一直强调要培育生态文明，并把生态文明的概念与全面建成小康社会的重大实践紧密地结合在

---

① 胡锦涛. 坚定不移沿着中国特色社会主义道路前进，为全面建成小康社会而奋斗 [N]. 人民日报，2012-11-08.

② 国家层面禁止开发区域，包括国家级自然保护区、世界文化自然遗产、国家级风景名胜区、国家森林公园和国家地质公园。省级层面的禁止开发区域，包括省级及以下各级各类自然文化资源保护区域、重要水源地和其他省级人民政府根据需要确定的禁止开发区域。

③ 国民经济和社会发展第十二个五年规划纲要 [OL]. 中央政府门户网站（www.gov.cn），2011-03-16.

一起，这是社会主义文明观的重大发展。胡锦涛同志在十八大报告中指出："建设生态文明，是关系人民福祉、关乎民族未来的长远大计。面对资源约束趋紧、环境污染严重、生态系统退化的严峻形势，必须树立尊重自然、顺应自然、保护自然的生态文明理念，把生态文明建设放在突出地位，融入经济建设、政治建设、文化建设、社会建设各方面和全过程，努力建设美丽中国，实现中华民族永续发展。"① 此前，首次提出生态文明的十七大报告，还从内涵、外延等方面对生态文明观做了全新的阐释："建设生态文明，要基本形成节约能源资源和保护生态环境的产业结构、增长方式、消费模式；循环经济形成较大规模，可再生能源比重显著上升；主要污染物排放得到有效控制，生态环境质量明显改善。"② 生态文明从过分强调物质成果的增加特别是 GDP 总量的增加，转向更加注重全面降低发展成本、减少发展代价，特别是降低资源消耗，减少生态环境污染成本。武汉城市圈相对于其他地区而言，正具备这样的优势和条件，并在全国最早提出要建设"生态城市圈"。获批"全国资源节约型和环境友好型社会建设综合配套改革实验区"，表明武汉城市圈走在了社会主义生态文明建设的最前列。因此，武汉城市圈的建设，对于构建"两型"社会、培育生态文明具有十分重要的历史意义和现实意义。

---

① 胡锦涛. 坚定不移沿着中国特色社会主义道路前进，为全面建成小康社会而奋斗 [N]. 人民日报，2012-11-08.

② 胡锦涛. 高举中国特色社会主义伟大旗帜，为夺取全面建设小康社会新胜利而奋斗 [N]. 人民日报，2007-10-15.

1.2 国内外相关文献综述

1.2.1 国外相关文献综述

1.2.1.1 城市圈研究

在城市圈理论研究方面，德国著名经济学家勒施（August Losch，1940）在《经济空间秩序》一书中最早提出了城市经济圈模式，开辟了现代城市圈经济研究的新天地。他揭示了城市经济圈的形成过程是随着经济的发展，按照市场经济规律的作用，以大城市为中心，先形成单一的城市市场区域，然后又逐渐发展为市场网络，进一步再发展为以城市为中心的城市圈经济。①

随后，在城市问题研究中又引入了系统论，城市经济研究形成了学科交叉的格局，在理论和实践方面都获得了突破与丰富，产生了一批有代表性的城市研究理论，如佩鲁（F. Perroux，1950）的增长极理论、戈德曼（Gottmann J，1957）的大都市带理论、约翰·弗里德曼（J. R. Friedman，1966）的中心-外围理论。

法国经济学家佩鲁提出的增长极理论②，认为经济增长总是首先在少数区位条件优越的点上不断发展成为经济增长中心（极化城市），当增长极发展到一定规模后，极化效应与扩散效

---

① A. 勒施. 经济空间秩序——经济财货与地理间的关系 [M]. 北京：商务印书馆，1995：32-33.

② 约翰·伊特韦尔，默里·米尔盖特，彼得·纽曼. 新帕尔格雷夫经济学大辞典：3 卷 [M]. 北京：经济科学出版社，1996：962-964.

应相互作用，推动整体经济发展。① 增长极理论丰富了都市圈理论，也为世界范围内都市圈经济发展找到了初步的理论依据。

法国地理学家戈德曼通过对美国东北海岸地区的考察后发现：在这一巨大的城市化区域内，支配空间经济形式的已不再是单一的大城市或都市圈，而是聚集了若干个都市圈，并在人口和经济活动等方面有密切联系的巨大整体。他把这一新的城市空间形态用 Megalopolis（巨大城市）的概念来概括，引起了经济学家们的广泛关注。他认为，这些巨大城市的功能是汇集人口、物资、资金、信息等各种要素，主宰国家经济、文化、金融、通信、贸易等方面的主要活动和发展政策的制定，甚至影响全球的经济活动。②

美国学者约翰·弗里德曼在《区域发展政策：委内瑞拉案例研究》一书中提出的"中心－外围理论"（Core Periphery Model）较具代表性。他认为，在若干区域之间会因多种原因而使得个别区域率先发展起来而成为"核心"，其他区域则因发展缓慢而成为"边缘"。核心与边缘之间存在着不平等的发展关系，核心与边缘的这种关系还会因为推行有利于中心的政策措施，使外围的资金、人口和劳动力向中心流动的趋势得以强化。

西方学者从城市地理学、城市经济学角度对城市圈问题进行了理论探索之后，还结合西方国家城市圈的发展和实践进行了大量的实证研究。20 世纪 20 年代至 40 年代以中心城市为核心的城市圈出现在美国东北部，到了 50 年代至 60 年代，美国形成了以波士顿、纽约、华盛顿等发达城市为中心的城市圈；日

---

① 杨勇. 都市圈发展机理研究 [M]. 上海：上海交通大学出版社，2008.

② JEAN GOTTMANN. Megalopolis or the urbanization of the Northeastern Seaboard [J]. Economic Geography. 1957，33：189-200；JEAN GOTTMANN. Megalopolis：the Urbanized Northeastern Seaboard of the United States [M]. NewYork：The Twentieth Century Fund，1961.

本也形成了东京、大阪、名古屋三大城市圈。实证研究主要集中于纽约都市圈、东京都市圈和伦敦都市圈。

近年来，一些新的理论研究成果在西方国家不断出现。如以卡斯特里斯（M. Castelles，1989）为代表的部分学者，从以信息为核心的新技术角度去研究技术对城镇空间的影响，认为新技术是城市空间发展的动力，促进了城市的蔓延与都市区的形成与演化。①

弗里德曼（Friedman，1997）也在《世界城市假说》一文中指出，在全球化时代，评价一个城市的地位与作用，不在于人口规模的大小，而在于参加国际经济社会活动的程度和调控与支配资本的能力，城市的等级系统取决于各城市参与全球经济社会活动的地位与程度以及占有、处理和支配资本与信息的能力，城市职能结构应以各城市在经济活动组织中的地位分工为依据。②

霍尔（P. Hall，1997）认为，技术变化影响并决定了经济发展，而经济发展影响并决定了城市发展。经济及技术，尤其是通信技术的发展的确为城市的蔓延扩展及大都市区的连绵创造了条件，以信息为代表的现代技术发展可能给城市空间演变带来分散化的动力，也可能会增加集聚的要求。③

杜兰顿（Gilles Duranton，2003）在《区域和城市经济学手册》第四卷中，运用数理模型对城市集聚经济进行研究，提出了城市集群经济的微观基础，并据此认为城市集聚经济是在共

---

① CASTELLES. The Information City: Informational Technology, Economic Restructing and the Urban Reional Process [M]. Oxford: Brasil Blackwell, 1989.

② FRIEDMAN J. R. The World City Hypothesis: Development & Change [J]. Urban Studies, 1986（23）: 59-137.

③ HALL P. Megacities [J]. World cities and Global Cities, 1997（2）.

享机制、匹配机制和学习机制的作用下产生的。①

总体而言，增长极理论强调区域经济的不平衡发展，把有限的稀缺资源集中投入到发展潜力大、规模经济和投资效益明显的少数部门或地区，使增长点的实力增强，同周围区域经济形成一个"势差"，通过市场机制的传导力量引导整个区域经济发展。中心-外围理论主要研究处于不同发展水平的区域之间的关系。核心城市与外围城市之间存在发展梯度，主要是由核心向外围的扩散辐射，但也会在一定程度上影响外围城市的发展。这一理论对于促进区域经济协调发展，具有重要指导意义。即政府与市场在促进区域经济协调发展中缺一不可，既要强化市场对资源配置的基础性作用，促进资源优化配置，又要充分发挥政府在弥补市场不足方面的作用，大力改善交通条件，加快城市化进程，以促进区域经济协调发展。随着科学技术的发展，科技成为城市空间发展的动力，也会增大城市集聚的可能性。西方经济学家分别从理论和模型上进行了论述和证明。国外对都市圈的研究是随着城市经济的发展逐步深化的，都市圈理论既反映了都市圈经济实践的成果，也有效地指导了都市圈的进一步发展。

1.2.1.2　经济一体化研究

国外对经济一体化的早期研究集中在国家层面，领域较为宽泛，大部分是针对国际经济的一体化研究，主要侧重于分析经济一体化对一体化集团、成员方和世界经济所产生的影响。从研究对象来看，国外学者对经济一体化理论的研究是伴随着区域经济一体化现象的出现而逐渐发展的，研究所针对的地区也从欧洲、北美、大洋洲等经济发达地区逐渐转向拉美、亚太等发展中国家和地区。

---

① GILLES DURANTON, DIEGO PUGA. Micro-foundations of urban agglomeration economies [J]. Handbook of regional and urban economics, 2003, Vol 4.

经济一体化最早是 1954 年由荷兰经济学家简·丁伯根（J. Tin bergen，1954）在《经济政策的集中和分散》中提出的，他认为"经济一体化是将阻碍经济有效运行的人为因素通过相互协调与统一加以消除，创造出最优的国际经济结构"。同时，他还把一体化分为消极一体化和积极一体化。他认为，引入交易的自由化、消除歧视和管理制度是消极一体化；而运用强制力量改造现状，建立新的政策和制度是积极一体化。

经济学家林德特（Lindert，1961）给区域经济一体化下的定义是：通过共同的商品市场、共同的生产要素市场，或两者的结合达到生产要素价格的均等。① 英国经济学家彼得·罗布森（Peter Robson，1984）更进一步提出，经济一体化的本意在于以区域为基础，提高资源利用的效率。实现此目标的必要条件是：在一体化区域内，消除货物与生产要素自由流动的一切障碍，以及集团成员间一切以国际为依据的歧视。②

世界银行在界定经济一体化时认为："经济一体化是在制定和实施税收、健康和安全法规、环境、标准等国内政策时政府间的合作。"③ 它能够通过减少交易费用和允许新企业进入市场来加大国内市场的竞争力度，国内政策的合作还有助于克服市场失灵，而且能确保不会通过不正当途径再次增加贸易限制。

在诸多国际经济一体化理论研究中，罗布森（2001）对国际经济一体化理论体系的研究得到了最为广泛的认可，他认为"经济一体化不是目的，而是一种手段，并有以下三个方面的特

---

① 林德特. 国际经济学 [M].9 版. 范国鹰，陈生军，等，译. 北京：经济科学出版社，1992：454-463.

② 罗布森. 国际一体化经济学 [M]. 戴炳然，等，译. 上海：上海译文出版社，2001：54-55.

③ MAURICE SCHIFF, L. ALAN WINTERS. 区域一体化与发展 [M]. 郭磊，译. 北京：中国财政经济出版社，2004：23.

征：其一，成员国之间没有歧视；其二，对非成员国维持歧视；其三，成员国在共同利益最大化和限制经济政策工具的使用上有一致的结论"[1]。

在经济一体化的研究领域上，主要集中在以下四个方面：

第一，以关税同盟和自由贸易区理论为中心的研究，有古典经济学家亚当·斯密（Adam Smith，1776）、大卫·李嘉图（David Ricardo，1817）、雅各布·瓦伊纳（Jacob Viner，1950）等学者。他们认为两个或两个以上国家缔结协定，建立统一的关境，取消关税，对关境以外的国家或地区的商品进口则实行共同的关税税率和外贸政策，将有利于扩大贸易规模，减少贸易开支。维纳（J. Viner，1950）在他的《关税同盟问题》中，开创性地提出了"贸易创造"（Trade Creation）和"贸易转移"（Trade Diversion）这两个新概念，用来衡量关税同盟所产生的实际效果。[2] 随后，兰凯斯特（K. J. Lancaster，1957）、库伯（C. A. Cooper，1965）、马塞尔（B. F. Mussel，1965）和瓦尼克（J. Vanek，1965）等人分别对关税同盟理论进行了完善。

第二，以共同市场理论为核心的研究，有西托夫斯基（T. Scitovsky，1954）、德纽（J. F. Deniau，1954）、伍顿（Wootton，1954）、米德（Mead，1955）等学者。他们提出通过扩大市场将获得规模经济，从而能够实现经济利益。科登（Cordon，1972）在此分析框架的基础上，认为即使两个地区不存在任何比较优势的差异，也可以通过专业化而达到一体化并获得收益。有规模经济效应存在的区域经济，除了会产生常见的贸易创造和贸易转移效应以外，还会出现成本下降和贸易抑制效应。

---

[1] 罗布森. 国际一体化经济学 [M]. 戴炳然，等，译. 上海：上海译文出版社，2001：43.

[2] J. VINE. The customs union issue [M]. New York：Damage Endowment for Intimation Peace，1950.

第三，以经济同盟理论为核心的研究，最为著名的有经济学家贝拉·巴拉萨（Bela Balasa, 1985）。他认为，不同类型联盟内部和外部资源配置的变化是自由贸易和要素移动的结果。①

第四，完全的经济一体化，这是经济一体化最理想的状态。但在不完全竞争条件下研究经济一体化，布利斯（Bliss, 1994）的理论最具有代表性。他认为经济一体化在不完全竞争的条件下会影响市场结构，同时会减少寡头垄断，带来激烈的竞争、降低市场细分，带来非传统的一体化收益，这种收益主要是通过贸易壁垒的降低和价格歧视的消失来实现的。

随着全球经济发展节奏的加快，对经济一体化的研究逐渐转向对国家内部某个区域的研究，主要集中在城市圈和都市连绵区的研究上。相关的理论研究有劳动地域分工理论、区域分工合作理论、点-轴理论、产业集群理论等。进入20世纪90年代以来，世界格局再次发生变化，苏联解体、东德和西德统一、美国经济雄霸天下，也有不少国外学者把研究视角转向经济全球化和经济一体化的矛盾上。

总体而言，传统的经济一体化理论认为，一体化经济体系中成员国的主要收益来源于它们按照比较成本进行的专业化分工；从20世纪80年代开始，共同市场理论的出现使得经济一体化理论得到了重大发展。共同市场理论允许成员间生产要素自由流动。同时，以规模经济和不完全竞争为前提条件的新贸易理论观点也出现在对经济一体化的理论分析中。笔者认为，国外的经济一体化理论相对完整和成熟，而且是从经济一体化的运行机理入手展开分析的，揭示了经济一体化的基本特征。但是，我国的相关理论研究起步较晚，加之城市发展相对落后，所以更需要因地制宜地运用国外的相关理论。

---

① 贝拉·巴拉萨. 经济一体化理论 [J]. 国外社会科学文摘, 1964 (9).

1.2.2 国内相关文献综述

1.2.2.1 城市圈研究

1988年，城市圈概念被引入我国。但由于国内外城市化水平与城市发展阶段存在差异，加上学者的研究背景不同，产生了若干个相同或相近的称呼，如都市圈、都市带、都市群等，这在某种程度上也使得人们对城市圈的理解出现了分歧。我国学者对都市圈经济模式的认识有一个逐步深化的过程，从都市圈概念的引入到成为一种可能的国家区域经济战略，经历了二十多年的探索。现在认为一般意义上的"城市圈"，是城市能发挥其机能的时候与周边地域所形成的种种紧密联系所波及的空间范围，通常以人流、物流、信息流和经济流等指标作为研究衡量标准，城市本身的对外控制能力和经济辐射能力也是其重要的衡量标准，因此它是一个超越城市景观地域、行政地域功能的地域概念。

中国最早提出城市经济圈概念的是周起业、刘再兴（1989）等人。他们在《区域经济学》一书中指出："按经济中心来组织管理地区经济，即以大城市为依托，有计划地发展中小城镇，在各大城市周围形成若干以中小城市为主的中小型经济中心。通过它们使大城市与相邻的中小城镇和农村相联系，大中小城市及其分别联系着的农村相交织，组成全国的经济网络。"

随后，罗明义[①]（1998）、高汝熹[②]（1998）、姚士谋[③]

① 罗明义.论城市圈域经济的形成规律及特点 ［J］.思想战线，1998（4）：23.

② 高汝熹，罗明义.城市圈域经济论 ［M］.昆明：云南大学出版社，1998：10-14.

③ 姚士谋，陈振光，朱英明.中国城市群新论 ［M］.合肥：中国科技大学出版社，2001.

（2001）等学者也分别对城市圈进行了定义。虽然各学者对城市圈的定义不完全相同，但都是在研究中心城市与周边城市间相互作用和影响的关系。例如高汝熹等（1998）提出，城市经济圈是以经济比较发达的城市为中心，通过经济辐射和经济吸引，带动周围城市和农村，以形成统一的生产和流通经济网络。即城市经济圈是以经济比较发达并具有较强城市功能的中心城市为核心，与邻近的一批卫星城市及城镇，连同这些城市覆盖的范围，构成的具有一定特色的城市群体，参与经济竞争。

对于城市圈的形成，高汝熹[①]（2006）、张伟[②]（2003）、李璐（2007）、季建华[③]（2007）等人从城市圈的界定标准、空间范围、评价体系等方面进行了论述。董晓峰（2005）提出都市圈发展要经历四个阶段——雏形、成长、发育、提升。[④] 彭际作（2006）根据大都市圈的形成与发展进程，总结出空间结构的四个阶段性表现：极核型（中心指向型）、点轴型（中心-周边双向指向型）、多核多中心型（水平网络化）、一体化的社会经济实体（社会经济联系）。[⑤] 袁家冬、孙振杰（2005）等人在空间结构上把都市圈分成核心圈、外围圈、机会圈三个圈层，并分别对这三圈层进行了分析。[⑥]

[①] 高汝熹，罗守贵. 论都市圈的整体性、成长动力及中国都市圈的发展态势 [J]. 现代城市研究，2006（8）：5-12.

[②] 张伟. 都市圈的概念、特征及其规划探讨 [J]. 城市规划，2003（6）：47-50.

[③] 李璐，季建华. 都市圈空间界定方法研究 [J]. 统计与决策，2007（2）：109-111.

[④] 董晓峰，史育龙. 都市圈理论发展研究 [J]. 地球科学进展，2005（10）：167-174.

[⑤] 彭际作. 大都市圈人口空间格局与区域经济发展——以长江三角洲大都市圈为例 [D]. 上海：华东师范大学，2006：29-31.

[⑥] 袁家冬，孙振杰. 基于"日常生活圈"的我国城市地域系统的重建 [J]. 地理科学，2005（1）：17-22.

中国科学院可持续发展战略研究组在《中国可持续发展战略报告（2005）》中认为，组团式城市群是大中小城市"结构有序、功能互补、整体优化、共建共享"的空间镶嵌体系，体现出"以城乡互动、区域一体"为特征的城市发展的高级演替形态。① 课题组提出，今后中国必须首先坚持发展三大具有世界竞争力的组团式大城市集群，打造中国城市化建设的主力与经济增长能力的"航母"。国家三大组团式城市群必然是大中小城市"结构有序、功能互补、整体优化、共建共享"的城市体系，以寻求资源利用的空间最大"整合交集"为根本出发点，让发展红利得到充分体现。

近年来，随着我国长三角、珠三角、京津唐等城市圈经济的迅速发展，城市圈的研究成为热点。我国学者对城市圈研究的范围越来越广泛，主要集中在城市圈的概念、范围、地域划分、空间结构、形成机制、发展战略、实证研究等方面，取得了丰硕的研究成果，受到越来越多的学者和政府部门的关注。总之，尽管我国城市圈研究起步较晚，但是对城市圈研究的价值已经有了充分的认识。城市集聚发展是我国城市经济发展的大势所趋。

1.2.2.2 经济一体化研究

在经济一体化研究方面，早期的国内学者主要集中在对世界经济和欧盟经济一体化的研究上。研究者主要集中在国际关系学界，代表学者有伍贻康②（1994）、张幼文③（1999）等，他们分别对世界经济一体化的形成机理及发展状况进行了研究。

---

① 中国科学院可持续发展战略研究组. 中国可持续发展战略报告（2005）[M]. 北京：科学出版社，2005.

② 伍贻康. 区域性国际经济一体化的比较 [M]. 北京：经济科学出版社，1994.

③ 张幼文. 世界经济一体化的进程 [M]. 上海：学林出版社，1999.

随后，白英瑞、康增奎①（2002）和刘文华②（2004）等人对欧盟经济一体化的形成过程、性质特点以及对我国经济一体化的借鉴意义进行了研究。

近年来，更多的学者把经济一体化和城市圈的发展结合起来研究，不过更多的还是关注本地城市圈的经济一体化问题，具有一定的地域性。如南京大学、南京地理科学研究所、同济大学、华东师范大学、东南大学的谷人旭、顾朝林、沈玉芳、宁越敏、朱荣林、徐长乐等学者，更多地研究长三角城市圈经济一体化的现状、问题以及发展路径等；港澳以及中山大学的学者，如阎小培和许学强教授等主要对珠三角城市圈经济一体化进行了比较深入和系统的研究；中科院北京地理所的专家学者和北京大学的吴良铺、李国平和胡序威等人主要对京津冀城市圈的经济一体化进行了深入研究；湖北社会科学院、华中师范大学、湖北大学的陈文科、秦尊文、刘盛佳等学者则对武汉城市圈进行了研究。

其一，对长三角城市圈经济一体化的研究。由于目前长三角经济一体化走在了全国的前列，学者们对此研究的成果也比较多。如张兆安③（2006）、高汝熹、吴晓隽④（2007）等学者对长江三角洲经济一体化现状、问题、产业结构优化、实现途径以及对策等方面展开了研究。

其二，对珠三角以及京津冀城市圈经济一体化的研究。林

---

① 白英瑞，康增奎. 欧盟：经济一体化理论与实践 [M]. 北京：经济管理出版社，2002.

② 刘文华. 欧盟一体化性质及特点 [J]. 国家问题研究，2004（2）：35.

③ 张兆安. 大都市圈与区域经济一体化：兼论长三角洲区域经济一体化 [M]. 上海：上海财经大学出版社，2006.

④ 高汝熹，吴晓隽. 大上海都市圈结构与功能体系研究 [M]. 上海：上海三联书店，2007.

先扬、陈忠暖①（2004），张军②（2011）对珠三角都市圈的经济发展系统形成与整合机制进行了探讨；李国平③（2004），李曼④（2008），张亚明、张心怡、唐朝生⑤（2012）等对京津冀城市圈的劳动分工与战略实施进行了详细研究。

其三，对武汉城市圈经济一体化的研究。武汉大学的吴传清⑥（2005）、武汉城市圈研究会的秦尊文⑦（2010）、华中农业大学的罗峰⑧（2011）等学者，主要从武汉城市圈发展实际出发研究了该区域的发展战略与发展趋势。

在我国，学者们对城市圈经济一体化的研究已初见成效，提出了一系列推动城市圈经济一体化进程的观点和建议。主要集中在以下几个方面：

---

① 林先扬，陈忠暖. 大珠江三角洲城市群经济整合机制与模式研究［J］. 华南师范大学学报：自然科学版，2004（1）.

② 张军. 珠三角区域经济一体化发展研究［D］. 成都：西南财经大学，2011.

③ 李国平. 首都圈结构、分工与营建战略［M］. 北京：中国城市出版社，2004.

④ 李曼. 京津冀区域经济一体化发展研究［D］. 天津：天津大学，2008.

⑤ 张亚明，张心怡，唐朝生. 京津冀区域经济一体化的困境与选择——与长三角对比研究［J］. 北京行政学院学报，2012（06）.

⑥ 吴传清，付佳，李浩，等. 武汉城市圈发展的战略思路与对策研究［J］. 科技进步与对策，2005（2）.

⑦ 秦尊文. 武汉城市圈的形成机制与发展趋势［M］. 武汉：中国地质大学出版社，2010.

⑧ 罗峰. 区域一体化中的政府与治理：对武汉城市圈的实证研究［M］. 北京：中国社会出版社，2012.

第一，张兆安①（2006）、王春业②（2009）、金太军③（2011）在其研究成果中均对城市圈经济一体化建设的目标和重点进行了论述。他们都认为，推行城市圈经济一体化的重点在于改变政府管理的评估标准，加强城市圈经济一体化的立法建设，成立城市圈经济一体化合作联盟，开展城市圈内部贸易政策审议，分离政府的经济职能与行政职能。同时，在建设城市圈经济一体化时必须要防止过分强调行政手段、过分强调产业分工和经济指标，要把城市圈的发展同经济的可持续发展目标相结合，建设富有长久生命力的城市圈。

第二，在要素流动和配置方面，荣跃明④（2005）、张震龙⑤（2006）、陈建军⑥（2009）等学者认为，城市圈的经济一体化要逐步取消阻止圈内各城市间生产要素自由流动的障碍，建立一个包括商品、资本和劳动力在内的统一市场，充分发挥各城市的生产要素优势，实行城市圈内生产要素的优化配置，促进城市圈的繁荣与发展。他们还通过借鉴欧洲、美国等世界城市圈发展的先进经验，提出我国城市圈发展需要重点培育主导产业，以经济利益为纽带整合圈内资源，充分发挥各城市的优势。

---

① 张兆安．大都市圈与区域经济一体化：兼论长三角洲区域经济一体化［M］．上海：上海财经大学出版社，2006.

② 王春业．区域行政立法模式研究：以区域经济一体化为背景［M］．北京：中国法律出版社，2009.

③ 金太军．区域治理中的行政协调研究［M］．广州：广东人民出版社，2011.

④ 荣跃明．区域整合与经济增长［M］．上海：上海人民出版社，2005：25.

⑤ 张震龙．"两湖"平原经济一体化发展战略研究［D］．武汉：华中科技大学，2006：57-58.

⑥ 陈建军．要素流动、产业转移和区域经济一体化［M］．杭州：浙江大学出版社，2009：23-25.

第三，在发展战略和机制方面，胡军、刘少波、冯邦彦①（2005），肖林、王方华②（2010），王圣军③（2010）等学者提出了自己的观点。他们认为，城市圈的经济合作不是简单地依靠行政壁垒、计划和政府间的调控手段，而是站在更高的战略层面上将政府的作用集中在撤除城市圈内行政壁垒，提供无差异的公共产品上。同时，在更多方面，充分利用市场机制的作用，将企业推上促进城市圈经济一体化的前台，实现区域发展、地域发展和经济一体化的多赢目标。

第四，目前很多学者把视角集中到城市圈产业集群方面，通过产业集群来研究城市圈的产业一体化。国内对产业集群的研究是在引进国外理论的基础上结合自身实践发展起来的，具有代表性的研究学者有王缉慈④，朱华晨⑤，卫龙宝、阮建青、傅昌銮⑥等。

王缉慈（2001）在《创新的空间：企业集群与区域发展》一书中较为全面地介绍了国内外产业集群理论，并结合中关村的产业集群现象进行了实证分析，提出了营造创新区域环境发展产业集群的思想。

---

① 胡军，刘少波，冯邦彦．CPEA 与泛珠三角发展战略 [M]．北京：经济科学出版社，2005：17.

② 肖林，王方华．中国都市圈服务经济与全球化竞争战略 [M]．上海：格致出版社，2008：16.

③ 王圣军．大都市圈发展的经济整合机制研究 [D]．成都：西南财经大学，2008：112-116.

④ 王缉慈．超越集群：中国产业集群的理论探索 [M]．北京：科学出版社，2010：58.

⑤ 朱华晨．浙江产业群：产业网络、成长轨迹与发展动力 [M]．杭州：浙江大学出版社，2003：23-25.

⑥ 卫龙宝，阮建青，傅昌銮．产业集群升级，区域经济转型与中小企业成长：基于浙江特色产业集群案例的研究 [M]．杭州：浙江大学出版社，2003：45-48.

朱华晨（2003）在《浙江产业群：产业网络、成长轨迹与发展动力》一书中通过对浙江部分服饰产业集群的调查，探讨了浙江产业集群发展的内在机制，认为影响浙江产业集群形成与发展的有社会网络、地方企业家和地方政府三个重要因素。卫龙宝、阮建青、傅昌銮在《产业集群升级，区域经济转型与中小企业成长：基于浙江特色产业集群案例的研究》一书中通过对温州鞋业、濮院羊毛衫、嵊州领带、永康五金、台州医药化工、大唐袜业和分水制笔七个产业集群的案例研究，提出了基于产业集群理论、区域经济转型视角的浙江中小企业发展的路径。

中共武汉市委党校课题组也将城市圈理论与区域产业集群相结合，对武汉城市圈的产业集群进行过较为深入的研究。产业集群理论揭示了产业集群对城市圈发展的作用，武汉城市圈的发展也必须形成合理的地域分工合作模式，重视产业之间的关联。[1]

上述几个方面是国内经济一体化研究较多的内容，随着区域经济学的发展和经济区域化的日益明显，我国学者开始越来越多地关注国内区域经济一体化问题。国内关于城市圈经济一体化的研究尚未形成完整与系统的理论体系，没有像国外一样有可以使用和借鉴的理论，更多的是对目前现状的分析与阐述，所以我们还需要像国外学者一样深入研究经济一体化的运行机理、完善研究思路、揭示城市圈一体化发展的基本特征，方能"有的放矢"。

1.2.3 国内外研究的简要评论

总结国外学者对城市圈经济一体化的相关研究，可以发现，

---

[1] 中共武汉市委党校课题组. 产业集群与武汉经济圈发展研究 [J]. 长江论坛，2005（3）：14.

他们的研究内容包含城市圈的形成原因、发展机制、发展方式、影响因素以及经济全球化和信息技术的发展对城市圈一体化所产生的影响等方面，研究方法多样，注重实证研究与理论概括相结合，研究的系统性和逻辑性较强，研究成果丰富。

总结国内学者对城市圈经济一体化的相关研究，可以发现，因起步较晚，其总体水平落后于西方，许多方面还处于对西方相关学说和理论的介绍与运用阶段；国内的城市圈研究更多偏重实证研究，本土化较强，系统性的理论建树不多见；分区域的单项研究较多，综合性的理论研究不多见；大多数研究沿袭传统的城市圈经济一体化的研究方法，结合区域经济发展进行现状分析，对全球化和区域特色的研究很少。

具体来说，国内外对城市圈经济一体化的已有研究体系尚不完善，还存在以下不足：

（1）城市圈一体化理论的最大贡献在于发现城市之间经济的相互联系和促进作用，城市的集群发展也会带来更强大的经济效益，因此城市圈一体化应该是一个动态而非静态的概念。城市圈经济一体化现有研究主要是对已形成的城市圈进行静态研究，较少关注在时间序列上从城市到城市圈的转变过程，所以在展现城市圈的动态发展方面尚显不足。

（2）城市圈一体化是在经济全球化和区域一体化的背景下逐步产生的，是经济全球化和区域一体化双向过程中的一个连接点，除了大的社会背景以外，城市圈自身的经济条件也是必不可少的。目前的研究很少能找到一个恰当的分析视角和城市圈应占据的特定定位，有的分析外部因素，有的研究内部结构，没有清楚说明城市圈的形成与经济发展之间的必然联系。

（3）国内从经济一体化的角度系统研究武汉城市圈的比较少，且对武汉城市圈经济一体化现状做定量分析，并从机制构建的角度对城市圈经济一体化的研究成果也不多见。

所以，本书试图以经济全球化、区域一体化和武汉城市圈"两型社会"的构建为研究背景，通过梳理武汉城市圈发展的进程，结合实际展开对武汉城市圈经济一体化的分析，为城市圈经济一体化的研究提供一个较为完整的分析框架。

1.3　研究区域与研究内容

1.3.1　研究区域

本书以武汉城市圈——武汉以及在其 100 公里半径内的黄石、鄂州、孝感、黄冈、咸宁、仙桃、潜江、天门八个城市构成的"1+8"城市圈为研究区域（见图 1.1）。

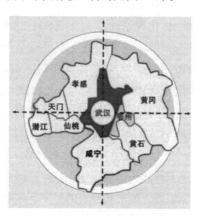

图 1.1　武汉城市圈范围示意图

1.3.2　研究内容

本书通过对城市圈、经济一体化发展理论的阐述和武汉城市圈发展的特征分析，剖析了该城市圈一体化过程中存在的问题，并提出了推进武汉城市圈发展的相关机制和对策建议。全书共分为9章，具体内容如下：

第1章，导论。首先说明本书的选题背景和研究意义，然后对国内外有关城市圈和经济一体化的研究情况进行简要回顾和梳理，为本书的研究做好理论准备。接着，阐述了本书的具体研究区域和研究内容，总结了研究方法和分析框架。最后概括出本书的主要创新与不足之处。

第2章，基本概念与基础理论。首先明确了城市、城市圈以及城市圈经济一体化三个基本概念的含义。然后阐述了城市圈经济一体化的基础理论，主要包括古典区位理论、空间相互作用理论、区域分工协作理论，其中核心理论是空间相互作用理论和区域分工协作理论。还对各项理论的运用方法进行了总结分析和简要评述，通过分析，形成本书的基础理论部分。

第3章，城市圈经济一体化的基本要求与评价体系构建。首先阐述了城市圈经济一体化的几个基本要求，明确了其基本要点、发展内容和发展目标。接着，构建了城市圈经济一体化评价体系。通过分析构建评价体系的系统性、导向性、重要性、独立性、可操作性和动态性的原则，选取5大类15小类的评价指标，对基础设施、产业布局、区域市场、城乡建设、环境保护与生态建设五个方面进行一体化判断和评述，再进一步采用主成分分析法综合上述五个方面对各城市的城市圈经济一体化水平进行综合评价。

第4章，城市圈经济一体化的机制构建。首先提出城市圈经济一体化的机制架构，即要从市场、政府、民间组织三个方面进行机制建设，三者联合作用于城市圈的发展，缺一不可，互相补充。然后分三个部分逐一阐述三者的作用和固有的缺陷，解释为何三者共同作用才能更好地推动城市圈经济一体化进程。

第5章，国内外城市圈经济一体化发展的启示。首先对国外的纽约、伦敦、东京、巴黎四大都市圈的发展进行分析，总结其发展经验和启示。然后对国内的长三角、珠三角和京津冀三大城市圈的发展进行分析，总结各自的发展经验和启示。最后总结城市圈经济一体化建设的共同启示，为武汉城市圈的一体化建设提供可借鉴的经验。

第6章，武汉城市圈经济一体化的现状与机制分析。首先介绍"武汉城市圈"这一概念的提出过程，并对相关政策进行了梳理，还对"武汉经济圈"曾经多种提法混用的情况进行了解释。然后对武汉城市圈建设经济一体化的良好条件进行了阐述。紧接着对武汉城市圈经济一体化的发展现状进行实证研究，按照前述评价体系构建的五个方面对应地选取量化指标来进行评价分析。最后依据前文所述，比照三大机制所发挥的作用，指出武汉城市圈在机制建设方面的不足之处，即"市场机制不健全、政府机制不到位、民间组织机制不完善"。

第7章，武汉城市圈经济一体化机制的优化设计。本章在分析武汉城市圈经济一体化现状的基础上，针对机制建设方面的不足提出了有针对性的解决措施，指出城市圈只有实现机制创新，充分发挥政府、市场、民间组织的作用，才能真正实现经济的一体化。

第8章，武汉城市圈经济一体化建设的总体思路、原则和措施。针对目前武汉城市圈的发展现状及障碍，提出协调圈内城市发展的总体思路和基本原则。然后依据前文分析的城市圈一体化的五个方面，分别阐述了相应的发展措施及政策建议。

第9章，结语与研究展望。本章是对全书的总结，并归纳了在研究过程中形成的理论见解，同时提出未来需进一步深入研究的问题。

1.4 研究方法与分析框架

1.4.1 研究方法

本书根据研究主题，采用了区域经济学、城市经济学、产业经济学、社会学等多学科相结合的跨学科综合研究分析方法，力图从多个层面对城市圈经济一体化演进过程中的诸多关系进行较为深入的系统分析。在研究中具体采用了以下方法：

（1）理论分析与实证分析相结合。本书将城市圈经济一体化建设的理论研究与武汉城市圈一体化建设的实践结合起来，系统地分析了其一体化的理论基础、发展目标、发展内容、发展机制以及发展措施等内容。

（2）定性分析与定量分析相结合。本书在理论分析的基础上，研究了城市圈经济一体化的特征、进程和发展趋势。同时，利用统计资料和数据，提出和构建了城市圈经济一体化的分析指标和评价体系，使用主成分分析法计算出城市圈经济一体化的综合评价指数，通过该指数对一体化水平进行综合分析，提高了研究的准确性和直观性。

（3）历史分析与比较分析相结合。本书运用历史分析的方法，结合国内外城市圈的发展实践，对武汉城市圈经济一体化的发展历程和发展方向进行了分析。此外，还运用比较分析的方法对城市圈发展的规律进行了探索，并总结了实践经验。这些经验可为武汉城市圈的经济一体化建设提供借鉴。

1.4.2 分析框架

本书依据一体化的基本理论，立足武汉城市圈的经济发展，寻求城市圈经济一体化的发展路径。本书是按照"提出问题—分析问题—解决问题"的技术路线和研究思路展开研究的。第一，提出问题。依据现实背景与研究意义，提出研究武汉城市圈经济一体化的问题，并梳理国内外的相关研究成果。第二，分析问题。根据基本理论在城市圈经济一体化中的运用以及国内外城市圈经济一体化的经验，结合评价体系的构建原则，建立城市圈经济一体化的评判体系，进一步设立了市场、政府、民间组织三者联合的机制架构，再把这个评判体系和机制架构运用到武汉城市圈经济一体化研究中，运用计量分析的方法评价其一体化水平，最终落脚于评判"基础设施一体化、产业布局一体化、区域市场一体化、城乡建设一体化、环境保护与生态建设一体化"五个方面，并通过分析从上述五个方面对武汉城市圈一体化进程进行了评述。随后结合市场、政府、民间组织三项机制，找出武汉城市圈经济一体化三大机制运行中存在的问题，主要是"市场机制不健全、政府机制不到位、民间组织机制不完善"。第三，解决问题。主要从机制优化和发展措施两方面进行阐述。依据机制现状问题，围绕市场、政府、民间组织三项机制展开机制优化设计；然后针对五项一体化的内容，阐述推动武汉城市圈经济一体化进程的具体措施。全书的分析框架如图 1.2 所示：

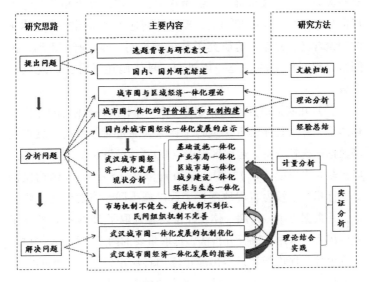

图 1.2　分析框架

1.5　主要创新与不足

1.5.1　主要创新

笔者在研究中坚持理论与实践相结合，在以下几个方面着力进行了探索和尝试：

（1）在研究背景方面，以经济全球化、区域一体化以及武汉城市圈"两型"社会的构建为背景，结合国家"中部崛起"战略的实施推进，对武汉城市圈形成演变过程及特征进行了探索，进而提出了推进其一体化建设的基本内容和发展目标。

（2）在理论研究方面，清楚地界定了城市圈的概念，并将其与大城市带、城市群、大都市连绵区、都市圈等相关概念加以区分和辨析。在此基础上，提出并阐述了城市圈经济一体化的理论含义，并深入地研究了其运行机制，即政府、市场、民间组织相互作用的三位一体机制，具体阐述了自己的观点和见解。

（3）在实证研究方面，建立了城市圈经济一体化的评价指标体系，并对其评价方法进行了探索。通过对区域内各城市经济数据的比较分析，运用区位熵（LQ_{ij}）、经济联系强度（R_{ij}）、经济联系隶属度（F_{ij}）、中心城市首位度（S）、产业结构比例等统计指标，较为直观地阐述了武汉城市圈经济发展的现状特征，并根据五个城市圈一体化评价内容选取了 15 项指标建立了评价体系。采用主成分分析法，选取重要的因子进行 SAS 分析，计算出综合评价指数，得出城市圈内各城市经济一体化的综合评价指数得分，为区域经济一体化的判断提供了操作性强的计量方法，从而较好地将理论研究与实证分析结合起来。

（4）在推动武汉城市圈实现经济一体化的政策建议方面，分别从一体化建设的五个方面具体提出了相应的措施和建议，包括完善基础设施建设、发挥产业集聚功能、优化政府协调职能、促使公共服务均等化、加强资源保护立法等具体措施。

1.5.2 不足之处

武汉城市圈的一体化是伴随改革开放逐渐形成和发展的动态过程，需要理论紧密结合实际进行研究。城市圈是多个城市的集群，城市圈一体化的研究就必然是一项具有难度的研究工作，涉及多个城市的发展协调问题。笔者虽孜孜以求，但仍深感选题有难度，再加上本人的理论修养和研究能力还有待提高，使得本书还存在一些不足之处。主要集中在两个方面：

（1）本书虽建立了一个创新的评价指标体系，但由于指标获得途径受限，定量分析仍显不够。特别是在武汉城市圈经济一体化水平的综合评价上，由于受数据资料搜集的限制，一些相关指标未能纳入其中，这在一定程度上影响到分析的严密性和准确性。

（2）本书对城市圈经济一体化进程中的动态分析略显不足。城市圈经济一体化建设是一个动态的过程，需要不断深入研究和把握未来趋势。

对上述不足之处有待在以后的学习和工作中加以改进，这将鼓励笔者在以后的学习过程中继续完善，不断深入研究。

2 基本概念与基础理论

2.1 基本概念

2.1.1 城市

阿瑟·奥沙利文（Arthur Osullivan，2000）在《城市经济学》中指出了美国所使用的八种城市的概念：城市区域（Urban Area）、自治市（Municipality）、城市（City）、城市化地区（Urbanized Area）、大城市区（Metropolitan Area，MA）、大城市联合统计区（CMSA）、大城市统计区（Metropolitan Statistical Area，MSA）、城镇（Urban Place）。[①] 其中，自治市和城市指的是政治城市而不是经济城市，是地方政府行使政治权力的区域。奥沙利文特别提出："区别政治城市和经济城市是必要，对于城市经济学研究来说，显然从经济的角度研究城市比从政治的角度更有价值。"

国外对城市的研究概括起来主要有三种：第一种是行政管辖权所涵盖的城市，即美国所谓的 City，是以行政管辖区为界。

---

① 阿瑟·奥沙利文. 城市经济学 [M].苏晓燕，等，译.北京：中信出版社，2000：13-15.

在发达国家，这种统计口径下的城市往往偏小。因为随着城市化进程的加快，大城市市区会扩张并超越原有的行政界线，如旧金山和奥克兰通过金门大桥横跨海峡两岸将两市联为一体。所以，有必要寻求新的统计口径来确定真正的城市范围。第二种是大城市区（Metropolitan Area），它由一个拥有大量人口的核心区域和附近与这个核心连为一体的邻近区域组成。这是经济意义上的城市，在美国、加拿大、日本等发达国家常被使用。第三种是城市聚集区（Urban Agglomeration），这是联合国使用的标准，同样也是经济意义上的城市，与 MA 口径接近。

我国学者周一星（2006）指出："我国既没有城市实体地域概念的科学界定标准、统计标准以及相应的统计标准，也没有城市功能地域概念的科学界定标准和相应的统计，在国外城市的三种地域概念中，我国只有城市的行政地域概念，而且问题很大。"[①] 在我国的统计年鉴上，有两种指代："全市"指的是市政府所管辖的县，还包括了大量的农村，这不是经济学意义上的城市；还有一个指代"市辖区"，它以城市建成区为主，更符合城市的基本特征。

2.1.2 城市圈

城市圈这一概念的起源可以追溯到欧美使用的"Metropolitan Area"这个名词。这个词最早出现在 1910 年的美国，国内一般翻译成"都市区"。美国对于都市区的定义是：大城市是一个或若干个有一定规模数量人口的中心城市和若干相邻城镇组成的区域。至 1980 年开始执行新标准，明确界定以一个人口超过 5 万人以上的中心城市和至少 4 个人口密度在 150

---

① 周一星. 城市研究的第一科学问题是基本概念的正确性 [J]. 城市规模学刊，2006（1）：1-5.

人/平方公里的相邻县所组成的区域，相邻县中至少有25%的人在中心城市工作，或者有5%的非农业人口居住在中心城市，称之为大城市统计区（Metropolitan Statistical Area，MSA），并一直沿用至今。一个大城市统计区由中心县（Central County）和外围县（Outlying County）组成，中心县可以由相邻的几个县构成。同时，还界定由若干个具有地域相邻且经济联系密切的MSA组成了"一级大城市统计区"（Primary Metropolitan Statistical Area，PMSA），一个PMSA的总人口一般不低于50万人；由若干个相互联系和相邻的MSA和PMSA共同组成了"联合大城市统计区"（Consolidated Metropolitan Statistical Area，CM-SA），一个"联合大城市统计区"的总人口不低于100万人。[①]

20世纪50年代，日本行政管理厅将"一天内可以接受城市某一方面功能服务的地域范围"定义为城市圈，且这个城市的人口规模必须在10万人以上。紧接着又进一步提出了大都（城）市圈的概念，即"中心城市人口须在百万以上或是小于百万人口的中央指定市，且从圈内到中心城市的通勤率不小于本身人口的15%"。1995年，日本总务厅又将"大都（城）市圈"的基准定义为："构成都市圈的范围为都市圈周围町村15岁以上常住人口的15%以上到该都市通勤或通学，且和该都市在地域上连续的市町村。"[②]

2.1.2.1 城市圈的本质

首先，从本质上看，城市圈是一个经济圈，因为城市圈形成和发展的根本动力在于中心城市和周边城市的相互作用，这种作用力以"流"的形式表现出来，具体体现各种要素和经济

---

① 孙久文．区域经济规划［M］．北京：商务印书馆，2005：14-17.

② 刘海洲．基于产业关联度的都市圈轨道交通客流预测方法优化研究［D］．重庆：重庆交通大学，2008：19-20.

活动在空间上的集聚和扩散。城市圈不仅是一个地域范围的概念，更是一个具有密切联系的社会实体和经济实体。因此，城市圈是一种经济活动的地域组织形式，各种产业和经济活动聚集在此，并相互联系地构成了一个一体化的有机整体。

其次，高度经济一体化的城市圈不仅聚集着大量的人口和社会活动，也聚集着各种生产要素和经济活动。因此，城市圈既是一个经济圈，也是一个社会圈。城市圈内人们的生产活动和文娱活动不仅仅局限在某一城市或地区，更多的是在整个城市圈内完成。正是这种密切的经济和社会联系，使城市圈成为一个有机联系的完整的社会实体。

2.1.2.2　城市圈的要素

第一，经济强大的中心城市。每个城市圈作为一个经济圈，必然要有一个首位度较高的城市作为其经济中心，这样才有凝聚力和集聚功能，才能为都市圈的发育、发展提供基础。中心城市的规模和经济水平决定着城市圈的辐射半径和区域范围。城市圈的高度聚集性有两层含义：一是指相比城市圈外的发展，城市圈内人口、生产、消费、资本、信息、技术的高度聚集会产生规模效应；二是指在极化效应的作用下，城市圈内各种生产要素向中心城市聚集，使其成为经济发展的增长极。

第二，发育完善的城市体系。中心城市周边必须有若干腹地，它们既接受着中心城市经济能量的释放或扩散，也支撑着中心城市发展要素的供给。同时，这些城市在空间上呈圈层状结构布局环绕着中心城市，体系规模相对合理。

第三，城市间密切的联系和一体化的趋势。城市圈内各城市之间的分工与合作密切，具有"极化-扩散"效应，产业结构呈现出综合性、开放性和多元性的特征，具有较强的结构转换能力、创新能力以及国际竞争能力。中心城市与腹地之间的经济联系紧密，但并不排斥各城市的经济发展具有相对独立性。

2.1.2.3 城市圈的演进

第一阶段，孤立城市发展阶段。当生产力水平较低、经济发育程度不高、城市规模较小时，城市处于孤立发展阶段。也就是说，这时的城市与城市之间是相对独立的经济系统，并按照不同规模和等级的经济能量，对周边地区产生相应的吸引力和辐射，但由于城市规模、等级较小，经济势能较低，对外吸收和辐射的能力也就相对有限。

第二阶段，单中心城市圈形成阶段。随着工业化与城市化的推进，一些区位条件较好、经济基础和创新能力较强的城市逐步成为区域内经济的增长极。它们迅速吸引周边地区和城镇的资源向这里汇集，迅速奠定了中心城市的地位，并通过高密度经济集聚所产生的高经济势能对周边地区进行辐射。中心城市一方面通过强大的集聚力吸引资金、技术、人才和劳动力等要素聚集，并以此来加快自身的发展；另一方面，也通过技术扩散、资本输出和空间蔓延等来影响和带动周边地区的发展，从而在整个区域上形成了一个以中心城市为核心的城市圈或经济圈的雏形。这样，单中心的城市圈就逐步形成了。

第三阶段，多中心城市圈形成阶段。单中心城市圈基本形成后，中心城市和周边地区间的空间相互作用逐步增强。随着中心城市的快速发展和在空间上的迅速扩张，其扩散效应逐渐大于极化效应，中心城市对周边地区的辐射和带动作用日益明显。一方面，城市圈域经济沿着交通轴线向区位条件较好、基础设施发达的周边城市扩散，逐渐形成相应的次级中心；另一方面，随着次级中心城市的发展，次级中心又逐步发展为次一级的城市圈，并与原有的中心城市圈相互吸引和相互辐射，从而形成一个有着一定等级体系并有机联系的多中心城市圈。

第四阶段，大都市圈发展及成熟阶段。多中心城市圈是一个有机联系的庞杂城市体系，在这里，大中小城市根据各自不同的城市职能与资源禀赋有机联系、互为补充，使整个区域内的社会经济高度融合为一体。大都市圈内的各中心城市通过彼此的吸引与辐射，以及城市间的经济流、信息流、人流和物流的交互作用，实现了对区域内资源的有效整合与协调，并同时促进区域内各城市的整体协调发展。当大都市圈内各城市间真正形成经济和功能上的互补协同关系时，大都市圈进入了某种相对均衡的发展状态。这时，大都市圈内各城市在功能上互为补充，在地域上相互交叉和渗透，彼此间的良性互动成为区域经济持续繁荣的直接动因，大都市圈的发展也日益成熟。大都市圈不仅有着多中心、网络化的城市体系结构，同时也具有更强的聚集能力，从而使其经济吸引力和辐射力更为强大，甚至超出国境而远距离地吸引全球的资本、人才、技术和信息，成为世界级的大都市圈。与此同时，它会直接主导地区、国家乃至全球的经济运作，成为地区乃至世界经济的中心与增长极。

2.1.2.4　城市圈与相关概念的区分

目前在学术界，人们对城市圈内涵的理解产生了分歧，对其范围界定也不一致，出现了"城市圈"与"大城市带""城市群""大都市连绵区""都市圈"等概念混用的情况。笔者通过归纳整理和总结，认为城市圈是指一个特定时空尺度的城市影响地域，有其突出的本质特征，与一般所说的"大城市带"或"大城市群"等不是一回事。

城市圈，是一个以大（中）城市为中心，与外围和其联系密切的工业化和城镇化水平较高的县、市共同组成的区域，内含众多的城镇和大片半城镇化或城乡一体化地域。城市圈不一定是一个完整的一级行政区，它可能大于市域范围，也可能小于市域范围。它强调的是与中心市有密切的日常社会经济联系，有较高的非农化和城市化水平，有协调内部建设的某种机制。其概念类似于大城市区（Metropolitan Area）。

都市圈，可以理解为大城市圈。除了中心城市的规模要大于城市圈的中心城市外，其范围也要大得多。都市圈是城市聚集的高级形式，是以一个大型城市为中心、吸纳了一批有实力的中小城市形成的组团。

城市场，最初由弗里德曼和米勒提出。后来，弗里德曼修正了这一概念，他认为城市场应该是一个三维概念：①社会地域子系统。城市场是城市之间功能相互作用的空间延展和空间组织的多中心模式。②人口空间配置。城市场人口在空间上分至几个高密度活动束，其周围是由复杂的交通通信能量流网络联系的低密度开放空间。③自然环境。城市场包括室外娱乐等活动所需的永久或暂时的粗放式的土地环境资源，内有住宅以及经济、文化和政治等活动所需的一些空间分化的永久性集约利用的土地。

大都市带，由法国地理学家戈德曼于1957年提出，指的是在社会经济活动密切交互作用下的多都市区城市地域。大都市带必须有密集的城市、多个都市圈、中心城市之间便利的交通走廊以及巨大的人口规模。大都市带的范围一般比都市圈的范围要大得多。一个大都市带可以包括多个都市圈，也可以有许多个大城市，而且它不强调城市之间的密切关系，更多地注重地域上的空间形态。这些大城市沿一条呈带状的交通线分布，一般在空间上延续很长但相对较狭窄。

都市连绵区。随着城镇化的不断发展，原来彼此分离的若干都市区逐渐在更大范围内连成一片，形成巨型的城市功能地域。都市连绵区一般是国家的经济核心区，并不是经济相对发达的城镇密集的地方都可以称为都市连绵区。这个概念与大都市带从表面上看很相近，但大都市带更强调系统内部各个都市区之间以各种流的形式表现的强烈交互作用。

城市群。随着城镇化的不断发展，地理上相近的不同类型、不同规模的城市连成一片，形成联系密切的城市群体，可称为城市群。城市群包括多大范围和多少城市并没有一个明确的标准，有较大的任意性。城市群并不强调中心城市及其核心作用，一般地域面积都较大，如沪宁杭城市群、苏锡常城市群、山东半岛城市群、辽中南城市群等。

行政区。这是国家政权管辖的空间单元，是通过行政区划形成的地域单元。目前，中国主要行政区域从层次上划分为四级：省（自治区、直辖市）—地市级（自治州）—县（自治县、县市级、城区）—乡（镇、自治乡）。行政区域边界的刚性约束，会对城市圈的区域经济协调发展带来阻碍。

2.1.3　城市圈经济一体化

2.1.3.1　一体化

"一体化"一词来源于拉丁语中的 Integration，原意为"组合""整合"。瑞典经济学家赫克歇尔（Heckscher，1931）把 Integration 一词表述为"将各个独立的经济结合成为一个更大的区域"[①]。1949 年 10 月 31 日，美国经济合作署署长保罗·霍夫曼（Paul Hoffman，1949）在欧洲经济合作组织大会上，首次公开阐明什么是"经济一体化"，鼓动西欧经济走向一体化。美国学者厄恩斯特·哈斯（Ernst Hass，1958）认为"一体化是一个过程，在这个过程中，若干不同民族实体内的政治行为者被说服，将其忠诚、期望和政治行为转向一个新的中心"[②]。

贝拉·巴拉萨（Bela Balassa，1962）认为："一体化既是一

---

① HECKSCHER. Mercantilism ［M］. Two Volumes，1931：6.

② ERNST HASS. The Uniting Europe of Europe ［M］. Stanford：Stanford University Press，1958：16.

个过程（a process），又是一种状态（a state of affairs）。"① 就过程而言，一体化意味着取消国家间的经济歧视，包括消除各国经济单位之间差别待遇的种种举措，强调了动态性质；就状态而言，一体化意味着国家间不存在各种经济歧视，表现为各国间各种形式的差别待遇的消失，强调了静态性质。巴拉萨从行为或手段的角度来描述一体化，但没有指出一体化的目的或效果是什么。

所以，"一体化"是以共同利益为基础，以部分和整体间的利益交换为手段，从相互独立的部分到组成整合的部分或相互关联的新系统的一个过程或结局；既是从部分到整体的动态过程，也是静态结果；这个整合部分或新系统具有原独立的部分简单相加所不具有的新特征。

2.1.3.2　经济一体化

上文提到，荷兰经济学家简·丁伯根（1954）第一个提出了经济一体化的概念，他将经济一体化分为消极一体化和积极一体化。

贝拉·巴拉萨在总结前人理论的基础上，把经济一体化进程概括为五个阶段：自由贸易区、关税同盟、共同市场、经济同盟和完全经济一体化。②

自由贸易区是指在成员方之间消除关税和非关税壁垒，实行商品的完全自由流动，但每个成员方对非成员方的贸易壁垒不发生变化。在一般的国际经济学论著中，对自由贸易区的理论探讨并不多，常常只是将其作为经济一体化的一种特殊形式进行概念解释。自由贸易区的一个关键性基石就是"原场地原

---

① BELA BALASSA. Theory of Economic Integration [M]. London：Allen and Unwin，1962：14.

② BELA BALASSA. Theory of Economic Integration [M]. London：Allen and Unwin，1962：11-13.

则"，据此能够防止非成员方的产品从低关税成员方出口到享有自由贸易区优惠的关税较高的国家或地区，主要会产生以下贸易效应：贸易创造效果、贸易转移效果和贸易扩大效应。

关税同盟理论是经济一体化的主要理论基础。关税同盟是指在成员方之间消除贸易壁垒、允许商品自由流动的基础上，通过实行共同的对外关税而形成的一种经济一体化形式。该理论认为，关税同盟建立后，可以产生规模经济和竞争强化两种效应。其一，规模经济效应。多个成员方组成关税同盟后，把若干个小市场合并为一个统一的大市场，因而企业产品的市场规模相应扩大，在比较优势原则的作用下，成员方之间很有可能通过产品专业化的分工，实现专业化产品生产的规模经济，从而提高了资源配置效率。其二，竞争强化效应。关税同盟取消了成员方之间的内部关税，因此成员方企业失去了原先的关税保护，产品可以在成员方（地区）之间自由流动。一个较大的统一大市场的形成，就必然使得成员方企业面临着其他成员方企业的激烈竞争。这种竞争必然鼓励成员方进行产业结构的调整。

共同市场理论是论证共同市场的动态理论。共同市场是指成员方之间除取消贸易壁垒、允许商品自由流动并实行共同的对外关税之外，也允许生产要素自由流动；共同市场即关税同盟加生产要素自由流动。该理论的主要观点是：以前各国或各地区之间推行狭隘的只顾本国或本地区利益的贸易保护政策，把市场分得过于细小而缺乏弹性，因而只能提供狭窄的市场，无法实现规模经济和大批量生产的利益。共同市场的目的就是把那些被保护主义肢解得分散孤立的小市场统一起来，连成大市场，通过大市场内部的激烈竞争，获取大批量生产的利益。该理论的核心有两点：第一，建立共同市场的目标是通过扩大市场以实现规模经济，从而获得经济利益；第二，依靠因市场扩大化而竞争激化的经济条件，实现上述目的。

经济同盟是指在共同市场的基础上，成员方之间还在某些经济政策和社会政策上进行统一和协调，主要是宏观经济政策方面的协调。

完全的经济一体化是指在经济联盟的基础上，成员方之间实行完全统一的贸易、金融和财政政策，并且这些政策由超国家（地区）的经济组织制定和实施。

根据上述理论观点，结合具体内容，笔者把五种经济一体化形式的相关要素比较归纳如下（见表 2.1）：

表 2.1　　　　　　经济一体化相应形式的比较

经济一体化形式	减少彼此贸易壁垒	取消彼此贸易壁垒	共同对外贸易壁垒	生产要素自由流动	宏观经济政策协调	由中心机构决定的共同货币和财政政策
自由贸易区	有	有	无	无	无	无
关税同盟	有	有	有	无	无	无
共同市场	有	有	有	有	无	无
经济同盟	有	有	有	有	有	无
完全的经济一体化	有	有	有	有	有	有

综上所述，经济一体化的概念与内涵随着实践的发展而不断完善，学术界对经济一体化的认识也是逐步深化和拓展的：从成员方在商品和贸易方面的合作到实现贸易自由化，从要素领域的合作到实现生产要素的自由流动，并进而结成经济联盟，通过制定和实施共同的经济政策推动成员方共同的经济和社会目标的实现。但是，无论是哪方面的经济合作、联合或融合，其前提必然是成员方在制度安排方面的协作。20 世纪 90 年代，在国际一体化迅速蔓延全球的背景下，国内一体化也掀起了发展的高潮，其典型形式就是以中心城市为依托的城市群、城市

圈或相邻地区、城市间的区域经济合作。

2.1.3.3　城市圈经济一体化

城市圈经济一体化主要是指以一个或两个中心城市为核心，加上外围与其联系密切、具有一体化倾向的城市或地区共同组成的区域，以共同利益为基础，以部分和整体间的利益交换为手段，从相互独立到整合的一个过程。

城市圈经济一体化强调相邻城市为谋求共同发展而在社会再生产的主要领域甚至各个方面，实行经济联合与共同调控，形成一个不受地域限制的产品、要素、劳动力及资本自由流动的统一区域，强调统一的市场体系、统一的基础设施等。同时，也重视各区域的分工与协作、重视各城市根据自身资源禀赋正确定位，这样既能产生整体效应，也能使各局部功能最优化，从而促进整体功能的提升。主要包括基础设施、产业布局、区域市场、城乡建设、环境保护与生态建设五个方面的一体化建设。我国城市圈经济一体化的合作主要有长三角、珠三角、京津冀等。这些城市圈的经济一体化已成为国内城市圈经济一体化的主要标志。

2.2　基础理论

2.2.1　古典区位理论

区位（Location）是指被某种事物占据的场所或空间，既有位，也有区，还有被设计的内涵。① 区位理论是关于区位的理论，它研究人类活动的空间选择及空间内人类活动的组合，主要探索人类活动的一般空间法则。区位理论具有代表性的主要

---

① 杨吾扬．区位论原理［M］．兰州：甘肃人民出版社，1989：13．

有农业区位论、工业区位论和中心地理论等。

2.2.1.1　农业区位论

德国经济学家杜能（H. Thunen）根据自己在德国北部罗斯托克镇附近经营特罗农场的经验总结，在1826年出版了《孤立国同农业和国民经济的关系》，提出了农业区位论，该理论主要以农产品的利润最大化为研究目的。①

为了使研究简化，杜能把复杂的社会假定成为一个简单的孤立国，并提出了如下假设条件：唯一的城市，且位于肥沃平原的中央；不存在可以通航的河流，唯一的交通工具是马车，运输费用按马车运价计算；在距离城市50英里（1英里≈1.61公里）之外全是荒野；人工产品的供应仅仅来源于平原中央的城市，而城市的食物供给又仅仅来源于其周围的平原；矿山与食盐坑都位于城市附近；排除了土质条件、河流、气候等其他因素的干扰，假设城市周围腹地的土地状况有均质性，都可以耕种；采用孤立的研究方法，仅仅对市场距离因素的作用进行探讨，且运费由农民负担。

按照以上假设以及农业经营者追求最大利润的目的，根据运费和距离及重量成正比、运费率因作物差异而不同等前提条件，杜能提出了一般地租收入的计算公式：

$$R = PQ - CQ - KTQ = (P - C - KT) Q$$

式中，P是农产品市场价格，Q是农产品产量，C是农产品生产费用，K是农产品产地和城市（市场）之间的距离，T是农产品运费率。生产成本和商品价格稳定时，运费是决定利润的关键要素。同一种农产品的产地距离城市越远，运费越高，利润就越少。当利润为零时，这一地点就成为这种农产品的耕作极

_____

① 约翰·冯·杜能. 孤立国同农业和国民经济的关系 [M]. 吴衡康，译. 北京：商务印书馆，1997：9.

限，与城市的距离超过这一地点，就会出现亏损。

由于农场主会选择地租收入最大的农作物进行生产，因此就形成了围绕城市由内向外分布的农业土地利用结构，包含六个同心的环状农业圈层：自由式农业圈、林业圈、轮作式农业圈、谷草式农业圈、三圃式农业圈、畜牧圈。在此六圈以外，是没有人烟的荒地。①（见图 2.1）

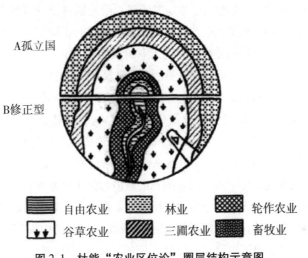

图 2.1　杜能"农业区位论"圈层结构示意图

2.2.1.2　工业区位论

德国经济学家韦伯（A. Weber）在 1909 年出版的《关于工业的区位论：区位的纯理论》一书中提出了工业区位论。韦伯的工业区位论首次提出了决定工业区位的最小成本原理，进一步推导出区域工业活动空间分布模式，从而揭示了工业经济空间活动的基本规律和区域经济空间结构形成与演化的基本机制，

①　刘振亚. 中国区域经济研究 [M]. 北京：中国经济出版社，1993：1-10.

把区位理论由农业扩展到了工业。

韦伯认为，工业区位应当选在生产成本最小的地方。影响生产成本的因素很多，起决定作用的是运输费用、劳动力费用和集聚费用。在讨论工业区位时，韦伯做了以下假设：一是研究的地域有同一的气候、地形、种族、技术，且在同一的政治力量控制下。二是研究的地域有遍在原料和限地原料。遍在原料指到处都有分布的原料，如空气、水、黏土等；限地原料指少数特定地点分布的原料，如金属矿产。三是劳动力充足，工资固定，地域内有工资水平高低的差异。四是工业制成品在一定市场出售，消费地点已定，消费量已知。五是运费是重量和距离的函数。

在上述假设的基础上，韦伯提出了区位三角形模式，工业区位选在三角形模式中运费最少的一点。这便是著名的"韦伯三角"：$aR_1 + bR_2 + cM \rightarrow min$。其中，$R_1$ 是原料 1，R_2 是原料 2，M 是产品，a、b、c 分别是运费系数。在韦伯看来，运输成本和劳动力成本是区位中两个仅存的在区域内起作用的要素，任何其他对工业的地方积累和分布起作用的因素都包含在集聚力或分散力部分中，并且只在区域性因素所形成的一般框架中发挥作用。[①] 这就明确提出了集聚这一概念。韦伯认为，集聚因素是一种优势，或是生产在很大程度上被带到某一地方所产生的市场化。

由于集聚的产生和发展，造成了经济活动的地域分异现象。韦伯提出的集聚地域经济类型有三种：第一种，地方性经济，指的是在有限地区内，由一系列相同的生产单位组成的整体。它基本上是纯集聚的产物，如煤矿区、陶瓷区、轻纺区等。第二种，城市性经济，它与地方性经济不同，不是纯集聚的直接产物，而是社会集聚的产物。城市形成后使企业成本降低，带

---

① 阿尔弗雷德·韦伯. 工业区位论 [M]. 李刚剑，等，译. 北京：商务印书馆，1997：115-117.

来利益，包括发达的对外交通网和市政设施等。第三种，中心区工业，指大城市和大工业区中企业最高度集中的那部分地域。它是纯集聚和社会集聚共同作用的结果。中心区的位置具有很大的优势，中心区的企业也是通过激烈竞争保留下来的。①

2.2.1.3　中心地理论

中心地理论，是由德国地理学家克里斯塔勒（Walter Christaller，1933）在他的重要著作《德国南部中心地原理》中系统地建立起来的，对地理学具有重大影响。②中心地是指向外围地区居民供给各种货物与服务的地方。中心商品是在中心地生产并供给中心地及外围地区居民消费的商品。中心地的职能是向外围地区供给中心商品。

克里斯塔勒认为，一个单独的市场中心，其最合理的市场区图形是一个圆，最佳服务区是圆的半径。但存在多个市场中心的时候，由于多个圆之间的剩余空间的存在而使市场中心发挥不了最佳功能。此时，最合理的市场区图形就会演变成正六边形，各个中心将形成大小等级不同、功能各异的市场网络空间体系。他认为，有三个原则支配中心地体系的形成，它们是市场原则、交通原则和行政原则。

在市场原则下，中心地的分布要以有利于商品供给为原则。按照均衡模式，每一个中心地对外围市场的商品供给，要通过六个次一级的中心地来实现；每一个次一级的中心地同时又接受三个中心地的商品供给。因此，每一个中心地对外围六个次一级中心地的总服务量是 $6 \times 1/3 = 2$，即两个次级中心地的服务量，加上其自身是一个次级中心地服务区，故每一个中心地共

---

①　秦尊文. 武汉城市圈的形成机制与发展趋势 [M]. 武汉：中国地质大学出版社，2010：34.

②　沃尔特·克里斯塔勒. 德国南部中心地原理 [M]. 常正文，等，译. 北京：商务印书馆，2010：46.

有三个次一级中心地的服务量从而形成 K = 3 序列，公式为 K = 3n-1，市场区的等级序列是 1，3，9，27，81…各级中心地的从属关系序列是 1，2，6，18，54…（见图 2.2）

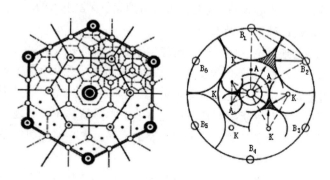

图 2.2　市场原则下的中心地网络系统

在交通原则下，中心地的等级系统受交通原则的制约，各级中心地都处于高一级中心地之间的交通线上。每一个中心地对外围六个次一级的中心地的服务量是 6×1/2 = 3，加上自身包含的 1 个，从而形成 K = 4 序列，公式为 K = 4n-1，交通区的等级序列是 1，4，16，64…各级中心地的从属关系序列是 1，3，12，48…（见图 2.3）

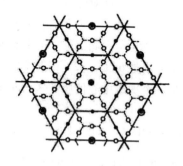

图 2.3　交通原则下的中心地网络系统

在行政原则下，中心地的等级系统受行政原则制约。克氏认为，每1个中心地在行政管理上只能从属于1个高级中心地，不像市场原则或交通原则那样每1个中心地同时受到2个或3个高一级中心地的影响。在1个六边形中有7个行政单位，其中1个高级行政区单位对6个基层行政区单位进行管理，从而形成K=7序列，公式为 $K = 7n - 1$，行政区的等级序列是1，7，49，343…各级中心地的从属关系序列是1，6，42，294…（见图2.4）

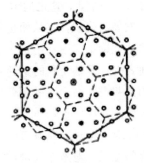

图2.4　行政原则下的中心地网络系统

克里斯塔勒对三原则的适用范围进行了进一步的分析。他认为，在由市场与市场区域组成的中心地商品供给情况下，应适用市场原则；新开发区、交通过境地带或聚落呈线状分布区域，以及文化水平高、人口密度高、工业人口多的区域，应适用交通原则；具有强大统治机构的时代，以及自给性强、与城市分离且相对封闭的偏远山区，应适用行政原则。此外，克氏还认为，高级中心地之间应依据交通原则布局，中级中心地之间应依据行政原则布局，低级中心地之间应依据市场原则布局。

2.2.1.4　简要评述

杜能的农业区位论为城市圈中农业的区位选择提供了一定的依据。杜能从农业土地利用的角度阐述了农业生产的区位选择问题。他对区位经济理论的主要贡献是：以从生产地到消费地之间的"运输费用"差异，建立了农业生产的空间差异模型，这一主导因素分析法成为区位研究的基本立足点。然而，随着社会进步和经济技术的发展，运费在农产品市场价格中所占比重愈来愈小，很多假设也没有办法和现实模型一致。

韦伯的工业区位论能很好地解释城市圈形成和发展演变的规律。生产集聚产生地方性区域经济，社会集聚产生城市性经济。由于集聚不是简单的集中，是在激烈的竞争中留在城市或工业区中心的技术含量高的企业，这也揭示了随着集聚的发展，产业分布在空间上的发展演变规律，从而也是城市化和城市圈形成的规律。在韦伯的理论中，运费还是影响区位选择的决定性因素，虽有不全面之处，但是便利的交通条件有利于要素和人口的流动，发达的公共设施会产生外部效应，这些观点都对城市圈的形成和发展有着重要的意义。

克里斯塔勒的中心地理论对研究城市圈经济辐射的内在机制及关联方式有重要的意义。他是在大量进行实地调查的基础上提出的，运用演绎法来研究中心地的空间秩序，提出了聚落分布呈三角形、市场区域呈六边形的空间组织结构，并进一步分析了中心地规模等级、职能类型与人口的关系以及三原则基础上形成的中心地空间系统模型。但克氏的中心地理论没有对需求的增加、交通的发展和人口的移动等动态因素带来的空间系统变化进行论述。

2.2.2　空间相互作用理论

2.2.2.1　不平衡发展理论

20世纪50年代，在平衡发展理论颇有影响的同时，一些发展经济学家对此展开了批评，主要代表人物有经济学家赫尔希曼（A. Hirschman，1958）和缪尔达尔（Gunnar Myrdal，1944）。

他们认为，发展中国家不具备全面增长的资本和其他资源，平衡增长是不可能的；投资只能有选择地在若干部门或区域进行，其他部门或区域通过利用这些部门或区域的投资带来的外部经济而逐步得到发展。

赫尔希曼在《经济发展战略》一书中指出了平衡增长的不可行性，并提出了"非平衡增长"理论。[①] 赫尔希曼非平衡增长理论考察的中心问题是如何集中投资于某些部门，使投资得到有效利用。赫尔希曼提出了两种投资选择：替代选择和延迟选择。他认为，投资项目序列中的偏好应当是"引致决策"最大化，即能通过自身发展"引致"其他项目最快发展。在投资资源有限的情况下，应当实行非平衡增长战略，即暂时延迟对基础设施方面的投资，集中资本于直接生产性活动的部门以尽快获得投资收益，增加产出和收入。他还认为，凡是有联系效应的产业，都能够通过这个产业的扩张而产生引致投资，引致投资反过来推动该产业进一步扩张，从而使整个产业都得到发展，实现经济增长。一个国家在选择适当的投资项目优先发展时，应当选择具有联系效应的产业，并且选择联系效应最大的产业优先发展（即产品需求收入弹性和价格弹性最大的产业）。这就是产业发展优先次序选择的技术标准，是非平衡增长理论的核心。

缪尔达尔在《美国的两难处境》一书中，提出了循环累积因果原理。[②] 缪尔达尔认为，社会经济诸因素之间的关系是以循环的方式运动，具有积累效果。对于区域经济发展，市场的力量通常是倾向于扩大而不是缩小区域间的差异。由于集聚经济

---

① ALBERT O. HIRSCHMAN. The Strategy of Economic Development [M]. Yale University Press, 1958：23.

② GUNNAR MYRDAL. An American Dilemma：the Negro Problem and Democracy [M]. Haper & Brothers, 1944：49.

的存在，发达地区会因市场的作用而持续、累积地加速增长，并同时产生扩散效应和回流效应。在市场机制的作用下，扩散效应远小于回流效应。缪尔达尔的这一理论是揭示由区外因素引起的不利于区域经济发展和扩张变化的一种理论。缪尔达尔用回流效应和扩散效应这样一对新概念来分析发展不平衡问题，强大的回流效应和弱小的扩散效应是经济发展不平衡的重要原因。回流效应的机制性作用产生的原因有：制度原因和移民、资本流动和贸易原因。回流效应和扩散效应在发展中国家是不均等的。一个国家的经济发展水平越高，扩散效应就越强。

2.2.2.2 增长极理论

20世纪50年代，增长极理论在西方经济学界围绕平衡增长与非平衡增长的大论战中脱颖而出。该理论由法国经济学家弗朗索瓦·佩鲁（F. Perroux, 1950）在其著名论文《经济空间：理论与应用》中首先提出。随后，布代维尔（J. B. Boudeville）、弗里德曼、缪尔达尔等在不同程度上丰富和发展了增长极理论。

佩鲁认为，在经济增长过程中，由于某些主导部门或有创新能力的企业或行业在一些地区或大城市的聚集，形成资本与技术高度集中，具有规模经济效益，自身增长迅速并能对邻近地区产生强大辐射作用的"增长极"，通过"增长极"地区的优先增长，带动邻近地区共同繁荣。

增长极理论的核心思想是：在地理空间中经济增长并非同时出现在所有地方，而是以各级中心城市为载体，通过发展优势产业形成集聚经济，通过以交通线路为代表的轴线向外扩散，进而带动整个区域经济的发展。在增长极的作用下，必然改变区域的原始空间平衡状态，使区域空间出现不平衡。增长极的成长将进一步加剧区域的空间不平衡，导致区域内经济发展差异。新的增长极的形成则会改变区域原有的经济空间结构，使之更为复杂。不同规模等级的增长极相互连接，就共同构成了区域经济的增长中心体系和空间结构的主体框架。不难看出，增长极的形成、发展、衰落和消失，都将引起区域经济空间结构的变化。

增长极理论的出发点是区域经济发展不平衡的规律，无论是佩鲁的增长极理论，还是缪尔达尔的循环累积因果理论、赫尔希曼的区际不平衡增长理论等，其共同的核心是在区域经济发展过程中，经济增长不会出现在所有地方，总是首先在少数区位条件优越的点上不断发展成为经济增长的中心极或中心城市。

佩鲁的增长极理论所提及的本是抽象的经济空间，即"存在于经济要素之间的联系"，与一般意义上的地理空间截然不同。法国经济学家布代维尔首先将佩鲁的抽象经济空间转换成地理空间。他认为，经济空间是经济变量在地理空间的运用，增长极是在城市区配置扩大的工业综合体，并在其影响范围内引导经济活动的进一步发展。由于外部经济和集聚效益，形成增长极的工业在空间上集中分布，并与现存城市结合在一起。[①]自此增长极概念便与城市相联系，增长极的规模大小与城市等级体系相对应，增强了增长极理论在城市圈发展规划中的实用性。

2.2.2.3 中心-外围理论

中心-外围理论是由弗里德曼在他的学术著作《区域发展政策》一书中正式提出的。1969 年他在《极化发展理论》中，又进一步将"中心-外围"这个具有鲜明特色的空间极化发展思想归纳为一种普遍适用的主要用于解释区际或城乡之间非均衡发展过程的理论模式。他认为，任何空间经济系统均可分解为不

---

① 李小建，苗长虹. 增长极理论分析及选择研究 [J]. 地理研究，1993 (9)：57-58.

同属性的核心区和外围区。该理论试图解释一个区域如何由互不关联、孤立发展，变成彼此联系、发展不平衡，又由极不平衡发展变为相互关联的平衡发展的区域系统。该理论的核心强调区域经济增长的同时，必然伴随经济空间结构的改变。弗里德曼综合美国经济学家罗斯托（Rostow）的经济发展阶段理论，将经济空间结构的变化划分为如下四个阶段：

一是前工业化阶段：生产力水平低下，经济结构以农业为主，工业产值比重小于10%，各地经济发展水平差异较小。城镇发展速度慢，各自有独立的中心。区域之间经济联系不紧密，城镇的产生和发展速度慢，城镇等级系统不完整。

二是工业化初期阶段：城市开始形成，工业产值在经济中的比重在10%~25%之间，核心区域与边缘区域经济增长速度差异扩大。区域内外的资源要素是由经济梯度较低的边缘区流向梯度较高的核心区。核心区域经济实力增大，必然导致政治力量集中，使核心区域与边缘区域发展不平衡进一步扩大。

三是工业化成熟阶段：快速工业化阶段，工业产值在经济中的比重在25%~50%之间。核心区发展很快，核心区域与边缘区域之间存在不平衡关系。在工业化成熟期，核心区的资源要素开始回流到边缘区，边缘区工业产业群开始集聚。

四是后工业化阶段：出现资金、技术、信息等从核心区域向边缘区域流动。整个区域成为一个功能上相互联系的城镇体系，形成大规模城市化区域，开始了有关联的平衡发展（见图2.5）。

2.2.2.4 点-轴发展理论

我国学者陆大道（1995）在中心地理论和增长极理论基础

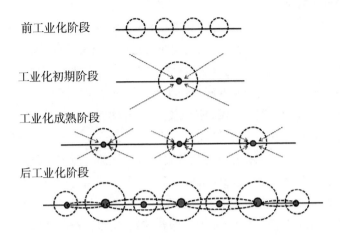

前工业化阶段

工业化初期阶段

工业化成熟阶段

后工业化阶段

图 2.5 弗里德曼"中心-外围"空间结构演化模式

上，提出了"点-轴"理论。①"点-轴"系统中的"点"，是各级中心地，即各级中心城镇，是各级区域的集聚点，也是带动各级区域发展的中心城镇。"点-轴"系统中的"轴"，是在一定方向上联结若干不同级别的中心城镇而形成的相对密集的人口和产业带。轴线是区域经济设施、社会设施的集中地带，对附近区域的社会经济有集聚或凝集作用，通过影响范围内的客体带动区域的发展。轴线上集中的社会经济设施通过产品、信息、技术、人员等，对附近区域有扩散所用。扩散的物质和非物质要素作用于附近区域，与区域的要素相结合，形成新的生产力，推动社会经济的发展。因此，轴线又被称为"发展轴"。根据中心地理论的基本原理，区域内大小中心城市是可以分等级的，同样，发展轴也是分等级的。确定各个阶段经济发展在

---

① 陆大道. 区域发展与空间结构 [M]. 北京：科学出版社，1995：101-102.

空间上如何集中与分散，就在于规定各阶段重点开发的"轴线"和"点"，即重点开发地带和中心城市，组成点-轴开发系统。

点-轴理论将经济空间结构的演化过程视为"点-轴渐进式扩散"。具体而言，与自然界和社会的许多客观事物类似，生产力各要素在空间中相互吸引而集聚，同时又向周围辐射自己的作用力（物质流、人流和信息流等）。在实践中，几乎所有的产业，尤其是工业、交通运输业、第三产业和城镇等都是产生和集聚于"点"上，并由现状基础设施（铁路、航道、公路、管道、能源和水源供应线、邮政通信线等）联系在一起；此外，集聚于各级"点"上的产业及人口等，又要向周围区域辐射其影响力（产品、技术、管理、政策等），取得社会经济运行的动力（原料、劳动力），表现为空间扩散运动。扩散的基本特点是在各个方向上的强度并不均等，其中沿着主要线状基础设施（主轴）方向的辐射强度最大，从而一起或加强在该方向上较大规模的集聚（见图2.6）。①

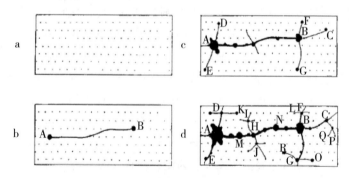

图2.6　点-轴系统形成过程模式

　　① 陆玉麒. 区域发展中的空间结构研究［M］. 南京：南京师范大学出版社，1998：226.

城市圈的城市发展也可以借鉴"点-轴"开发模式，在一定空间范围内，确定若干发展条件较好的线状基础设施轴线，重点发展轴线地带的若干个点。随着经济的发展，经济开发的注意力愈来愈多地放在较低级别的发展轴和发展中心上，同时发展轴线逐步向较不发达地区延伸。点-轴开发模式对区域发展和区域规划有着重要意义，是比较有效的经济空间组织形式。

2.2.2.5 简要评述

城市空间发展结构理论侧重于从城市空间组织的角度研究空间协调问题，从而为区域经济空间结构的研究提供支撑。

赫尔希曼和缪尔达尔都认为不平衡是经济发展的动因。我国改革开放以后的发展也正是借鉴了"不平衡发展理论"和发展经济学中的"不平衡增长"理论，取得了一定的成效，但是这种不平衡状态最终会被打破。近年来我国提出"中部崛起"也是在追求区域经济的平衡发展，武汉城市圈应该很好地把握这个机会。

增长极理论将增长极与周围城镇联系起来，使增长极具有明确的地理位置，使增长具有"推动"和"空间集聚"的意义。但是，增长极在漫长的极化阶段中产生的吸引力和向心力，易使周围地区的劳动力、资金、技术等要素转移到核心地区，拉大核心地区与周围地区的经济发展差距；同时，增长极理论本身是一种"自上而下"的空间发展结构理论，单纯依靠外来资本及本地的自然资源禀赋，很可能造成脆弱的国民经济。在全球化浪潮中，越来越多国家的政府更加重视知识和技术的力量，寻找依靠内力来发展区域经济的道路。

中心-外围理论对于经济发展与空间结构的变化具有较高的解释价值，在城市圈的研究中，对处理城市与乡村、发达地区与落后地区的关系上也有一定的实际价值。

陆大道的点-轴理论揭示了区域发展过程中社会经济发展和

社会经济客体空间组织之间的关系，将区域最佳发展与区域经济空间结构的优化有机结合起来，强调经济空间结构优化对推动区域经济增长的重要作用；点-轴理论提供了一种有效的经济空间结构优化模式，即在不同的经济发展阶段，通过点-轴空间结构系统配置生产力和改善生产力的空间结构以及进行全社会经济的空间组织，有利于发挥集聚经济和各级中心城市的作用，实现生产布局与现状基础设施之间的最佳空间组合，便捷城市之间、区域之间、城乡之间的联系，从而使区域得到最佳发展。城市圈的发展可以围绕设定的轴线展开圈内经济活动，使轴线网络化推动经济一体化，由"点"带"线"再到"面"。

2.2.3　区域分工协作理论

2.2.3.1　相对优势理论

相对优势理论是在绝对优势理论的基础上发展起来的。英国古典经济学家李嘉图（D. RiCardo，1817）进一步发展了亚当·斯密（A. Smith，1776）的观点，他认为每个国家不一定要生产各种商品，而应该集中力量生产那些利益较大或不利较小的商品，然后通过国际贸易，在资本和劳动力不变的情况下，生产总量将会增加，如此形成的国际分工对贸易各国有利。[①]

亚当·斯密在 1776 年出版的《国民财富的性质及原因研究》一书中，提出了绝对优势理论。他认为，各个国家或区域都存在用于某些特定产品生产的绝对有利条件，如果每个国家或区域都按照自身绝对有利条件去从事专业化生产，然后进行产品的相互交换，那么每个国家或区域都能从中得到好处。在此分析的基础上，亚当·斯密主张国际或区际分工的原则是，就某种产品而言，如果某一国家或区域生产的成本比其他国家

---

① 李小建. 经济地理学［M］. 北京：高等教育出版社，1999：87-89.

或区域都高，那么该国或区域就不应生产该产品；出口本国或区域绝对成本低的产品，然后进口其他国家或区域生产的其他商品，就会更合理、更经济。亚当·斯密的绝对优势论成为国际或区际贸易的最初理论基础。但是，该理论存在明显不足。根据亚当·斯密的观点，如果一个国家或区域在商品生产方面都缺乏绝对有利条件，那么就很难甚至根本不可能与其他国家或区域发生分工与贸易。显然，这与国际区际分工与贸易发展的实际情况是不符的。

　　针对绝对优势理论存在的不足，李嘉图在 1817 年出版的《政治经济学及赋税原理》一书中提出了相对优势理论。他认为，由于劳动与资本在国家间或区域间不能完全自由流动与转移，因此不应该把绝对成本作为国际或区际分工与贸易的原则，而是应当按照比较成本来开展国际或区际分工与贸易。从实际情况来看，如果一个国家或区域在任何一种商品的生产方面都具有绝对有利的条件，而有利的程度不等，同时，另一个国家或区域在任何一种商品生产方面都不具备绝对有利的条件，而不利的程度不等，即使是在这样的情况下，这两个国家或区域依然能够通过彼此间的分工与贸易而相互获益。原因在于，一个国家或区域无论处于发展的哪一个阶段，无论经济力量怎样，在对其各种商品生产的比较中都能发现相对优势，即使与其他国家或区域相比处于绝对劣势，也能从中找到这样的相对优势。因此，李嘉图提出，在国际或区际自由贸易体制下，各国或区域应该把劳动与资本用在具有相对优势的产业部门，生产本国或区域有利的商品，并通过国际或区际分工与贸易完成彼此间的优势互补，从而在投入等量资源的情况下，提高资源利用率，实现本国或区域经济的快速发展。

　　2.2.3.2　要素禀赋理论

　　要素禀赋理论是由瑞典经济学家赫克歇尔（E. Heckscher,

1919）和俄林（B. Ohlin，1933）提出的。赫克歇尔在1919年就提出了关于"要素禀赋"的观点。在此基础上，俄林在1933年出版的《区际贸易与国际贸易》一书中比较全面地阐述了"要素禀赋理论"。因此，后人也把"要素禀赋理论"称为"赫克歇尔-俄林模型"或"H-O学说"。

要素禀赋理论是对李嘉图的相对成本论的进一步具体化，它把专业化生产的比较优势原则进一步具体到一些生产要素——劳动、资本、技术等的比较优势上。该理论认为，由于各国生产要素的自然禀赋不同，在一般情况下，各国生产要素的价格是不同的。因为生产要素之间是不能完全替代的，不同的商品生产需要不同的生产要素比例，因而不同的地方对某一个产业来说对其所需要的生产要素的满足程度是不同的，即不同的地区适合不同产业的发展。因此，各国在生产那些能较密集地利用其较充裕的生产要素的商品时，必然会有比较利益的产生。各个国家最终出口利用其充裕的生产要素生产的商品时，必然产生比较利益，即各国都能更有效地利用各种生产要素，节约社会劳动，实现合理的国际分工。俄林用多种生产要素禀赋来代替单一的劳动，突出了各生产要素在不同地区丰歉不同，要素之间可以相互替代，合理利用资源，比什么都自己生产更能节约社会劳动。只要利用自己最丰富的生产要素从事专业化生产就能形成优势产业，实现规模经济，建立比较优势，获得协调发展。

2.2.3.3　技术差距理论

技术差距理论最初是由美国经济学家波斯纳（M. Posner）在1961年发表的《国际贸易与技术变化》①中提出来的。由于

---

① M. POSNER. International Trade and Technical Change［C］. Oxford Economic Papers，1961.

在技术变动中包含了时间因素，所以技术差距理论被看成是对要素禀赋理论的动态扩展。

该理论的假设前提是：第一，最初的技术进步必须建立在某国或某区域经济的一系列"制度性内生变量"基础之上。所谓制度性内生变量，是指一国或区域所具有的能够引发技术进步的诸多他国或区域所不具备的因素。这些因素要么是从需求方面提出了技术创新的要求，要么是从供给方面确保了技术创新的现实可能性。第二，由于受多方面因素的制约，技术成果难以顺利进行国际或区际传递。在此情况下，率先完成某项技术创新的国家或区域，即所谓技术创新国或技术创新区域，就能够比较稳定地保持技术创新所带来的技术比较优势。

波斯纳认为，技术成果之所以难以顺利进行国际或区际传递，一般而言是由于以下三方面因素的制约：

一是技术成果本身是产生巨额利润的源泉。技术创新国或区域在完成某项技术创新以后，必然采取技术垄断或者技术封锁等措施，来确保自身对该项技术创新的创利效益的优先充分享受。只有当该项技术创新在某种意义上成为一种相对成熟的技术之后，技术创新国或区域才有可能对该项技术创新成果的转让问题进行考虑。

二是技术成果本身是耗费巨大的现实资源投入（包括人力、物力、财力）的产物，同时技术创新投资在本质上是一种高风险投资。因此，技术成果的专利转让费或生产特许权转让费一般非常昂贵。这必然从需求的方面限制了技术成果的顺利转让。

三是非技术创新国或区域也可能试图对某项技术进行研究和开发，产生技术成果的变相转移。但极有可能由于受自身诸多制度性内生变量的制约，这些国家或区域在短期内难以掌握某项技术成果并将之用于生产。

在对上述假设前提进行分析的基础上，波斯纳认为，工业化国家或区域之间的工业品贸易，有相当大的一部分事实上是在存在技术差距的基础上进行的。他通过引入"模仿时滞"的概念来对国家或区域之间的贸易可能性进行解释。在他的"两国或两区域模型"中，一种新产品研制成功后，创新国或区域首先拥有技术领先优势。当这项新产品在创新国或区域市场达到饱和之后，就可以开始向模仿或区域出口。随着专利权转让、技术合作、对外投资、国际或区际贸易发展，模仿国或区域开始逐渐利用自己的劳动成本比较优势，自行模仿生产这种商品并减少对其进口。创新国或区域也因此逐渐丧失该产品的出口市场，因技术差距而导致的国际或区际贸易量也逐渐缩小，直到最终全部消失。

2.2.3.4　新贸易理论

20 世纪 80 年代初以来，以保罗·克鲁格曼（Paul Krugman）为代表的一批经济学家提出了一系列关于国际贸易的原因、国际分工的决定因素、贸易保护主义的效果以及最优贸易政策的思想和观点。

新贸易理论主要研究的是规模报酬递增和不完全竞争条件下的产业内贸易。克鲁格曼借用 D-S 模型分析方法，较为系统地将产业组织理论引入国际贸易理论中。1980 年克鲁格曼在《国际经济学杂志》上发表《规模经济、产品差别和贸易模式》，针对传统贸易理论中的完全竞争、规模报酬不变等假定条件，运用规模报酬递增、垄断竞争和产品差别等范畴来构筑新的贸易理论模型，认为在假设条件改变后，推动国际贸易的主要原因就是规模报酬递增，而不是要素禀赋。

新贸易理论最重要的创新在于引入了产业组织理论，使国际贸易理论从完全竞争这一假设条件的束缚下摆脱出来。市场中的不完全竞争是普遍现象，完全竞争才是特例，而且产业领域也存在规模经济报酬递增现象，并非规模经济报酬不变。将规模经济作为国际贸易研究的假定条件，可以提示国际分工格局形成和国际贸易的新动因。

新贸易理论认为：第一，国际贸易之所以发生是受要素禀赋和经济规模的共同影响。产业间贸易受要素禀赋的相对差异影响，产业内贸易受国家经济规模的不同影响，两者共同构成了总贸易量；第二，在承认完全竞争市场结构的同时，强调了不完全竞争市场结构，认为在规模经济和不完全竞争的市场结构下，经济不可能达到完全竞争市场下的资源最佳配置状态，只能在一种次优状态下运行，但相比各国自我封闭的情况，开展贸易后福利效应将会得到改善；第三，提出了利润转移和外部经济两个干预贸易的论点，为政府干预经济提供了理论依据。① 由此可见，新贸易理论对现代国际贸易现象做出了更加接近于现实的、令人信服的阐述。

2.2.3.5 简要评述

区域经济分工理论是区域经济一体化的核心理论，用于分析和解决区域经济合作问题。区域之间如何进行分工、依据什么来分工是区域经济协调发展的基础。

相对优势理论为城市圈的产业选择和城市分工提供了基本思想。根据亚当·斯密的观点，如果一个国家或区域在商品生产方面都缺乏绝对有利条件，那么就很难甚至根本不可能与其他国家或区域发生分工与贸易。显然，这与国际区际分工与贸易发展的实际情况是不符的。李嘉图的相对优势理论在绝对优势理论的基础上发展起来，是对绝对优势理论的补充，为没有绝对成本优势的地区提供了发展的理论依据。

要素禀赋理论是对比较成本理论的进一步具体化，指出了

---

① 克鲁格曼. 市场结构和对外贸易 [M]. 尹翔硕，译. 上海：上海三联书店，1993：2-6.

在自由贸易的条件和背景下，各个国家或区域都应该根据彼此的要素禀赋条件，进行国际或区际分工，开展国际或区际贸易，实现优势互补，从而才有利于各国或各区域的经济增长和经济发展。

技术差距理论是在要素禀赋基础上发展而来的一种要素禀赋理论，对城市圈中各城市发生贸易和分工的原因起到一定的解释作用。技术差距理论认为，区域之间的贸易有很大一部分实际上是以技术差距的存在为基础进行的。在创新区域和模仿区域的两区域模型中，创新区域的一种新产品成功后，具有技术领先优势，但是随着领先技术的扩散，技术差距消失，以技术差距为基础的贸易也随之消失。

新贸易理论是关于贸易的原因、分工的决定因素、保护主义的效果以及最优贸易政策的思想和观点。它最大的贡献在于发展成为以规模经济和非完全竞争市场为两大支柱的完整的经济理论体系。由于现实市场中的不完全竞争才是普遍现象，而且产业领域也存在规模经济报酬递增现象，所以这样的贸易分工理论才更具有运用价值，使贸易理论从完全竞争这一假设条件的束缚下摆脱出来，也对城市圈各城市的贸易和分工协作有较强的指导意义。

3 城市圈经济一体化的基本要求与评价体系构建

城市圈经济一体化不等同于经济的"同质化"。什么样的城市圈经济才是符合一体化标准的呢？这就需要深入分析城市圈经济一体化的战略要求以及发展目标等。与此同时，城市圈经济一体化的衡量也离不开计量评价体系的构建。目前我国对此的计量分析尚缺少统一的规范和普遍认同的评价体系。笔者尝试通过结合区域经济学、产业经济学、计量经济学等学科知识，总结众多研究者已有的研究成果，归纳出一套适用性较强的城市圈经济一体化评价指标体系，以期对武汉城市圈经济一体化的实现程度分析有所帮助。

3.1 城市圈经济一体化的基本要求

研究表明，城市圈经济一体化的主要内涵是城市圈内的城市以共同利益为基础，以部分和整体间的利益交换为手段，从相互独立到整合的一个过程。这是一个动态演进的过程。只有明确其发展目标和分析其发展的基本内容，才能正确推进城市圈经济一体化建设。推进武汉城市圈经济一体化建设主要应抓住"三个基本要点"、明确"四项发展目标"、落实"五项基本内容"。具体表现在：

3.1.1 三个基本要点

3.1.1.1 "经济一体化"异于"经济同质化"

经济一体化是区域经济研究中使用频率最高的词汇之一。一体化并不意味着同质化、同一化的大同区域发展格局。经济从来都是与资源要素紧密结合的，经济一体化发展不是经济地域单元单极化发展，而是寻求空间多极化发展，并不排斥空间多样化。城市圈经济一体化不是在绝对意义上的同城化、扁平化和均一化，而是在异中求同和求同存异，是在承认区域多样化基础上的更富有互补性、层次性与合理性的区域整体经济利益最大化。①

3.1.1.2 "产业一体化"异于"产业同构化"

产业一体化发展，就是在分工和协作的基础上，以各种要素与资源优化配置和效益最大化为目标，实现联动互利、共同发展。② 而产业同构化是地方政府与中央政府之间、地方政府与地方政府之间博弈后，城市圈内经济地域单元各自为政与各自规划，引起相同产业在不平等的市场条件下恶性竞争，造成重复建设、市场分割和资源浪费。产业同构就成为他们各自追求地区利益最大化的一种选择。③ 由于行政区划的限制直接导致了市场分割、产业同构和无序竞争，城市圈内的经济资源配置、生产要素有序流动以及产业合理布局也会受到限制，所以要实现城市圈经济的一体化发展，就必须打破城市圈内各经济地域单元间的行政区划限制。

---

① 张军. 珠三角区域经济一体化发展研究 [D]. 成都：西南财经大学，2011：44-45.

② 徐康宁，赵波，王绮. 长三角城市群：形成、竞争与合作 [J]. 南京社会科学，2005（5）：1-9.

③ 胡荣涛，张许颖，苏明吾. 产业结构调整中的地区利益与博弈行为分析 [J]. 经济评论，2002（4）：99-102.

3.1.1.3 新趋势——从行政协作到区域融合

在现有的经济体制下，武汉城市圈各地之间的发展，主要是通过湖北省政府自下而上的资源调配实现的，圈内城市之间的主动交流和融合很少。从城市圈经济一体化进程来看，区域经济联系促进了社会融合，随着经济的发展也使得地方政府要求跨区域合作的愿望更加迫切。同时，随着经济圈发展所涉及的产业类型、公共服务、基础设施等范围的增加，单靠政府部门自上而下的行政调拨，也无法满足省内各地生产生活的基本需要，必须借助市场方式，以供应多样、多层次的社会需求。政府采取"放权让利"的方式，会使各地之间的交流日益频繁，从而进入区域融合发展的良性循环。

3.1.2 四项发展目标

区域经济增长源于产业部门的地理集中及由此产生的持续的生产率的提高，城市圈经济一体化会带来规模收益递增的生产和创新产品的区域性集中。城市圈的经济一体化不是圈内各城市经济的同一化，而是因地制宜的均衡发展。笔者认为，城市圈经济一体化发展的最终目标是：市场自由、差距缩小、均衡发展、产业集聚。

——市场自由，即打破地区间的行政分割，以市场为主导配置资源，拆除市场壁垒，市场将会透过产品、服务的供给和需求产生复杂的相互作用，进而达成自我组织的效果。

——差距缩小，即圈内各城市的经济发展水平、公共服务水平、城乡居民收入水平等差距逐渐缩小，从而达到城市圈内各城市协调发展以及要素的自由流动。

——均衡发展，即圈内首位城市对周边城市产生要素扩散均衡效应，周边城市也能够形成新的经济增长核心，带动周边区域的发展，有助于城市圈内各经济单元的可持续发展。

——产业集聚，是指同一产业在某个特定地理区域内高度集中，产业资本要素在空间范围内不断汇聚的一个过程。产业集聚能力的提升，可以培育和聚集一批优势企业和产业，是产业分工协作的最优布局结果。

3.1.3　五项基本内容

2006 年 7 月，经过吴良镛、吴传钧、邹德慈、叶大年、陆大道等 15 位国内知名专家学者组成的评审委员会的认真评审，通过了武汉城市圈一体化发展的规划方案《武汉城市圈总体规划》（以下简称《规划》）。该规划的期限为 2007—2020 年。《规划》以科学发展观为指导，根据武汉城市圈建设的总体要求，突出基础设施建设、产业布局、区域市场、城乡建设和环境保护与生态建设五个一体化，并通过整合、协调，以及建设区域创新体系、水土资源空间保障体系、空间管治和配套区域政策加以实施。

3.1.3.1　基础设施一体化

基础设施是经济社会发展的基础，是指以确保社会经济活动、优化生存环境、消除自然障碍、实施资源共享为目的而构建的公共服务性设施。基础设施主要包括交通运输、桥梁、机场、港口、水利、通信，城市供气、供电、排水设施，以及提供无形产品所需的各种固定资产。

一个区域的基础设施建设对其经济的长期稳定增长将会起到非常重要的作用。从宏观的角度来讲，基础设施供给的普及性和质量直接决定了私人资本投资的边际生产力；从微观的角度来讲，良好的基础设施服务能够降低生产的成本，并对经济中供给和需求的结构产生影响。①

---

① 马文田. 我国基础设施建设对经济增长的影响研究——以公路建设为例[J]. 中南财经政法大学学报，2008（3）：56.

城市圈基础设施除了要大力加强圈内交通运输、供水、电力、信息网络和能源建设外，还要做到基础设施与产业、城镇空间布局协调和有机衔接，才能实现和发挥基础设施对城镇发展的支撑作用。同时，由于基础设施建设任务繁重、投资需求大、周期长，所以必须坚持城市圈基础设施建设和推动经济发展基本相适应和适当超前的原则，而这种适当超前，必须要有一个"度"，不能造成浪费，并且要改变基础设施建设以各自行政区划为界限、各自为政、相互之间连接不畅的现象。

　　在城市圈规划中，要从人口、资源、环境与经济发展的相互关系以及可持续发展战略出发，布局和实施城市圈基础设施建设项目。要充分利用区域性基础设施对城镇发展正反作用的影响，对于中心城市和鼓励发展地区，以支持城镇结构化、质量提高、功能完善和共建共享为原则，加强基础设施建设，创造城镇发展的集聚条件；对于乡镇撤并后的原镇区、防治建设发展的地区和单纯通道地区，以保障生存条件、限制城镇蔓延式发展为原则，合理布局基础设施网络。①

　　3.1.3.2　产业布局一体化

　　正如前文所述，产业布局一体化不等同于产业同构化。产业布局一体化是指生产要素、主要产业在城市圈内各经济地域单元间的优化组合，是城市圈经济发展中具有全局性与长远性的战略问题。产业布局一体化要求按照圈内各经济地域单元自身资源条件和产业基础，尽力规避劣势，充分发挥优势，建立与其自身地方特征相匹配的产业结构，实现空间错位发展、优势互补和产业集群化。②

---

　　① 曹国华. 都市圈区域性基础设施规划研究 [J]. 城市规划，2003（06）：17.

　　② 张军. 珠三角区域经济一体化发展研究 [D]. 成都：西南财经大学，2011：48.

产业布局一体化要立足于城市圈已有的产业基础，同时要对产业发展的软硬环境进行全方位的分析，深入把握产业发展的区位绝对优势与相对优势，率先发展区域特色产业和优势产业。而对于在区域特色领域和优势领域中能发挥关键性作用的先进技术，要整合各种科技资源对其进行重点突破，以避免区域间及区域内各经济地域单元间产业趋同，提升整个城市圈经济的核心竞争力。

产业集群发展是最近几年研究较多的问题。目前最流行的产业集群定义是迈克尔·波特（Michael E. Porter，1990）在《国家竞争优势》一书中提出的。波特认为，产业集群是在一个既竞争又合作的特定领域内，一群在地理上集中且有关联性的企业、专业化的供货商、服务的供应商以及政府和其他相关机构（如大学、规则制定机构、智囊团、职业培训机构及行业协会等）构成的产业空间组织。集群在空间布局上赋予了一种新的组织形式，这种形式一方面处于保持距离型的市场之间，另一方面又处于等级或垂直一体化之中。王缉慈（2001）认为，集群的"溢出效应"可以促进知识技术的创新、扩散，实现产品创新、产业升级。①

目前，武汉城市圈还主要依靠低成本竞争优势，处于产业集群发展的低端。在激烈的市场竞争中，这种低层次的竞争优势很容易被其他区域的更低成本所代替而衰退。所以，武汉城市圈产业的一体化和高级化，要在消除地区分割的基础上加强分工协作，形成集群优势，突出区域特色，优化产业布局，发挥比较优势，走新型工业化道路。

3.1.3.3 区域市场一体化

市场是连接生产者与消费者的纽带。市场繁荣也是经济快

---

① 王缉慈. 创新的空间：企业集群与区域发展 [M]. 北京：北京大学出版社，2001：39.

速发展的关键带动因素。市场本身具有扩张性，随着消费偏好、消费群体及消费地域的延展，而逐渐向更广的范围、更纵深的领域延伸。由于原来地方之间的恶性竞争，"肥水不流外人田"，不择手段地保护本地企业、本地产品，全力排斥外来企业及产品的"入侵"，以保证本地经济与财政收入，从而导致了地区间"以邻为壑"的市场分割。①

城市圈内区域市场一体化包括城市圈内商品市场、金融市场、要素资源市场、产权市场诸多方面。需要特别强调的是，要实现市场一体化，尤其是劳动、资本和人才等要素市场内的要素的无障碍流动，就要最大限度地缩小各经济地域单元之间在教育文化、医疗卫生、社会就业与社会保障等基本公共服务供给方面的差异，最终实现均等化。所以，基本公共服务的均等化是市场一体化中市场要素流动通畅的根本保障。

所谓基本公共服务，是指在达成一定社会共识的基础上，按照社会经济发展阶段和水平，为了维持社会正义和经济稳定及社会凝聚力、实现人的全面发展所必需的基本社会条件。基本公共服务是指纯公共服务，包括义务教育、公共卫生、基础科学研究、公益性文化事业和社会救济等。成熟的基本公共服务均等化表现为在不同区域之间、城乡之间、居民个人之间公共服务的分布均等。这三个层次是逐层递进的，实施的难度也逐层加大。可以分三个阶段实施：初级阶段的目标是实现区域基本公共服务均等化，主要表现为区域之间的基本公共服务水平的差距逐渐缩小，不要求绝对平均；中级阶段的目标是实现城乡基本公共服务均等化，主要表现为区域之间和城乡之间的基本公共服务水平接近；高级阶段的目标是实现全民基本公

① 罗峰. 区域一体化中的政府与治理——对武汉城市圈的实证研究 [M]. 北京：中国社会出版社，2012：72.

服务均等化，主要表现为区域之间、城乡之间、居民个人之间的基本公共服务分布均等。

要实现区域市场的一体化，必须在区域各地域经济单元之间建立起包括土地利用、信贷、税收、财政扶持等在内的一体化政策和制度体系，在内容上涵盖城市圈市场中的各类市场（商品市场、金融市场、要素市场等）。尊重各区域地域单元居民的自由选择权，在起步阶段不要求各经济地域单元公共服务的绝对平均，而是要鼓励有能力的地方在满足基本公共服务需要的同时可以提供更好的公共服务，把各个地域单元之间的基本公共服务差距控制在较小的范围以内，然后再分步推进市场一体化的最终形成。

3.1.3.4 城乡建设一体化

城乡分治的二元结构是新中国成立以后长期存在的社会治理模式。新中国成立以后，在相当长的一段时间内，受经济发展方式、政府目标以及国际环境等多种因素的影响，城市与乡村之间各种资源的交流被人为地隔离了，正是这种城乡二元结构深刻影响了之后中国社会的协调与平衡发展。①

城乡建设一体化对于缓解农村日益尖锐的社会矛盾、缩小城乡之间日益扩大的差距、促进城乡共同发展有重要的作用。武汉城市圈中的各城市也面临着城乡建设一体化的问题。为了提高圈内城镇化水平、以城镇化带动乡村发展，主要应从以下几个方面着手：

第一，加快城镇化进程，完善城镇规模结构。按照统筹规划、相对集中、因地制宜的原则，走多样化的城镇化道路。发展小城市和重点中心镇，加强农村公共医疗卫生体系的建设，提高城乡居民的生活质量。

---

① 罗峰. 从分治到统筹：城乡关系的阶段性转型 [J]. 社会主义研究，2008（3）：37.

第二，按照全面建成小康社会的要求，优化城镇空间布局，形成各级各类城市功能分工有序、布局合理、结构协调发展的城镇体系构架。

第三，缩小农村居民和城镇居民收入的差距。国务院农业部原常务副部长万宝瑞（2011）认为："缩小城乡差距，总体上看不能降低城镇居民收入增速，只能通过两个战略实现。其一，依靠工业化和城镇化，更多更快地转移农村劳动力，这是国家现代化的主要动力和方向。其二，通过发展农村经济、改变国民收入分配格局，使农村居民收入增速快于城镇居民收入增速，这是缩小城乡差距的难点和关键。"①

第四，城乡教育、医疗、卫生等公共服务的均等化还要渗透到城市和农村。在城市优先、大工业优先的方针指导下，大量的财政资金集中投资于城市，农村建设落后、师资严重短缺、社会保障始终处于国家社会保障的边缘，所以在城乡建设中也不可忽视公共服务建设。

3.1.3.5 环境保护与生态建设一体化

生态环境是指由生态关系组成的环境，是与人类密切相关的、对人类生产和生活活动产生影响的各种自然（包括人工作用下形成的第二自然）力量（物质和能量）的总和，是人类的重要资源和财富，对人类生存和发展起着十分重要的作用。

生态环境和经济发展相辅相成，不可分割。经济发展在很大程度上受到环境资源条件的约束，森林遭破坏、水土流失、水源污染等生态环境的恶化，必然危及工农业生产的基础，从而限制经济的发展。相反，良好的生态环境可以提升自然资源的再生能力和增殖能力，推动经济持续稳定增长。

"先发展、后治理"的做法，不仅使我国的生态环境严重恶

---

① 万宝瑞．缩小贫富差距的路径［N］．中国社会科学报，2011-07-12．

化，也给人民的生产和生活带来了不良后果。环境保护和生态建设的一体化，一方面要求城市圈解决生态环境恶化引发的各种问题、实现可持续发展；另一方面要求在以后的发展中必须要从人口、资源、环境与经济发展的相互关系以及可持续发展战略出发布局产业和实施规划，实行"谁开发谁保护、谁破坏谁修复、谁污染谁治理、谁受益谁补偿"的原则。

环境保护与生态建设一体化的具体内容包括：其一，对环境承载力进行预测和判断，比如大气环境容量、"三污"对环境污染的影响等；其二，对产业结构的调整，比如加大环保投资、提高资源利用率等；其三，建设生态城市，打造生态产业园区，提高环境管理水平等。

3.2 城市圈经济一体化评价体系的构建

要对城市圈经济一体化的程度进行系统评价，就应该建立合理的评价指标体系。它是在对城市圈一体化构建的影响因素进行分析和研究的基础上，按照影响因素的层次性把各因素具体化后形成的。由于评价对象的复杂性导致了评价指标的多样性，同时各指标之间还会互相制约、互相影响，因此建立一套层次清晰、关系合理、涵盖全面的评价指标体系，是保证城市圈经济一体化评价成功的前提和关键。

3.2.1 评价体系构建的总体原则

（1）全面性原则。城市圈经济一体化是一个庞大而复杂的系统，涉及的领域包括区域市场、城乡统筹、产业发展、基础设施、生态环境等多个子系统。这些领域之间既相互独立，又相互联系，共同构成一个完整的体系。因此，全面系统地考虑各子系统以及它们之间的关系，就能比较准确地反映被评价对象的发展特征。

（2）导向性原则。导向性原则是指所设立的指标能较为充分地反映并体现城市圈经济一体化与宏观目标之间的关系，使之与城市圈经济一体化的宏观目标相统一，具有鲜明的导向作用。

（3）重要性原则。对评价目标的影响程度达到一定水平的重要评价指标，必须参与评价，以体现其重要性。同时，在选择评价指标时，那些对评价目标影响很小的评价指标应适度剔除，把此类指标对总体评价的干扰度降至最低。

（4）独立性原则。选择评价指标时，应选择有代表性的指标，尽量避免指标之间的重叠交叉。因素的独立性越大越好，关联性强的因素应合并。

（5）可操作性原则。可操作性原则即指标的资料内容在实际工作中能比较方便地获取或实现，且能简单方便地分析与整理指标数据，以便于评估者利用模型进行评估。在设计都市圈评价指标体系时应注意指标的可操作性，要选取那些便于搜集和计算分析，且对都市圈发展研究具有实用价值的指标。发展评价模型中的指标，多来源于《中国城市统计年鉴》。其基本原则就是不影响评价效果。

（6）发展性原则。发展性原则要求其评价指标体系是一个动态的、发展的系统，在指标选取上要注意其动态性和静态性，使之在可以进行静态度量评测的同时，又能较为准确地反映对时间和空间变化的可调节性和敏感性，在揭示内在规律的同时体现事物发展静态与动态的统一。

3.2.2　评价体系构建的具体方法

下面依据前文所述经济一体化的五项基本内容，对应地选取具有代表性的统计指标（指标体系见表 3.1），利用 SAS 软件进行主成分分析，首先计算各经济地域单元的评价指数，进而对其做出综合评价。如果城市圈内各经济地域单元评价指数差距较小，则该区域经济一体化水平偏高；反之，区域经济一体化水平较低。

表 3.1   城市圈经济一体化水平综合评价指标体系

A 层	B 层	C 层	D 层	单位
城市圈经济一体化评价指标	基础设施一体化	基础设施	基础设施投资	亿元
		关联强度	资金流比（实际使用外资额/总投资）	%
			信息流比（邮电电信总量/总人口）	元/人
	产业布局一体化	产业发展	人均 GDP	元/人
		产业比重	第一产业所占比重	%
			第二产业所占比重	%
			第三产业所占比重	%
		对外开放	实际利用外资/GDP	%
			进出口总额/GDP	%
	区域市场一体化	产品市场同一度	居民消费价格指数	/
		政府效能同一度	财政支出份额（财政支出/GDP）	%
		要素市场同一度	投资利润率（利润总额/GDP）	%
	城乡建设一体化	城镇体系	城乡居民人均可支配收入	元/人
			农村居民人均纯收入	元
	环境保护与生态建设一体化	资源利用率	资源转化率（GDP 耗能）	吨/万元

3.2.2.1 基础设施一体化衡量指标

基础设施一体化，广义上包括交通设施及交通管理一体化（道路网络、公共交通、车辆信息管理等方面的一体化）、水资源配给与供排水一体化、资金共享与通信基础设施一体化等方面。由于受数据搜集的限制，以及指标的选取遵循了可操作性和重要性的原则，本书从以下两方面来展开指标体系的构建：

在基础设施方面，选择各地的基础设施投资总额为衡量指标，通过比较圈内各城市的基础设施投资来综合评价其一体化水平。

在关联强度方面，选择了资金流比、信息流比两个方面的指标。资金流比是指实际使用外资金额占总投资的比重（%），信息流比是指人均邮电电信总量（元/人）。通过这些指标来检验圈内各城市联系的紧密程度和往来的频率，当然也可以辅助城市间通勤时间等简易指标来进行补充判断。

3.2.2.2 产业布局一体化衡量指标

产业布局可以通俗地理解为产业规划。产业规划是指对产业结构调整、产业发展布局进行整体规划和布置。从静态上看，产业布局是指形成产业的各要素、各部门、各链环在地域上的组合与空间上的分布态势；从动态上看，产业布局则表现为各生产要素、各种资源甚至各企业和各产业，为选择最佳区位而在空间（地域）上的转移、流动以及重组，是一个动态的配置与再配置过程。本书通过以下三个方面来分析产业布局一体化水平：在产业总体发展方面，用各地区的人均 GDP 水平进行比较；在产业比重方面，选取各城市的三次产业比重为衡量指标；在利用外资方面，选取实际利用外资占比（实际利用外资/GDP）和进出口总额占比（进出口总额/GDP）两项指标来说明利用外资对 GDP 的贡献率。

3.2.2.3 区域市场一体化衡量指标

城市圈内区域市场是指由于市场不完善、商品和劳动在全国各地自由流通受阻而形成的流通范围局限于某一区域的市场。城市圈中的资源要素是制约城市圈市场结构与功能作用力的一个方面。本书通过产品市场、政府效能和要素市场三个方向来选取指标，分别对应地使用居民消费价格指数、财政支出份额（财政支出/GDP）、投资利润率（利润总额/GDP）来评价城市圈区域市场的发展情况。

3.2.2.4　城乡建设一体化衡量指标

城乡一体化文化建设是遏止城乡文化发展差距拉大趋势、扩大农村市场需求的根本出路。建设和发展城乡一体化，缩小城乡差距，提高农民生活水平，增加农民收入，是加快我国社会主义和谐社会进程的保证。本书选取收入水平进行比较分析，包括城乡居民人均可支配收入和农村居民人均纯收入。圈内 8 市统一比较后就能看出城乡建设水平的差异。

3.2.2.5　环境保护与生态建设一体化衡量指标

环境保护与生态建设一体化就是将经济、社会与生态作为一个整体的复合系统来考虑，把生态一体化作为增强城市核心竞争力最为重要的方面。摒弃经济与生态对峙的旧观念，走经济生态化、生态经济化的发展道路。彻底改变忽视环境保护的倾向，按照建设生态城市的要求将城市生态环境统一纳入一个大系统中来规划、发展。要根据气候、地理等客观因素，综合考虑生态功能区布局。其中较为重要的一个指标就是自然资源利用率，这是反映能源消费水平和节能降耗状况的主要指标。该指标说明了一个国家经济活动中对能源的利用程度，反映了经济结构和能源利用率的变化。本书选取单位 GDP 耗能，即每产生万元 GDP 所消耗掉的能源，主要针对煤炭能源。

3.2.2.6　一体化水平的综合评价指数计算

通过主成分分析法，在上述 15 个统计指标中，利用 SAS 软件分析抽象出主成分，根据标准化处理，运用主成分得分系数算出综合得分函数。分值越高，说明该样本在该区域内的经济一体化水平越高；反之，该样本在该区域内的经济一体化水平就越低。具体步骤如下：

为了便于开展主成分分析，首先要消除各指标数据间的量纲差别。因此，采用 Z- score 法，对反映一国（地区）经济一体化指标的样本观察数据进行标准化处理。计算公式为：

$$Z_{ij} = （X_{ij}-\overline{X_i}）/S_i \qquad （公式1）$$

其中，$\overline{X_i}=\dfrac{1}{n}\sum\limits_{j=1}^{n}X_{ij}$，$S_i=\sqrt{\dfrac{\sum（X_{ij}-\overline{X_i}）^2}{n}}$

公式1中，S_i是第i个指标的标准差，X_{ij}是第i个指标的第j个样本或经济地域单元观察值，$\overline{X_i}$是第i个指标的平均值，Z_{ij}是X_{ij}的标准化值。

计算一国（地区）内部经济一体化水平综合评价指数，可以采用主成分分析法，其计算过程是以指标的标准化值（无量纲化值）为对象，构造如下主成分得分函数与综合得分函数：

$$f_{kj} = \sum\limits_{i=1}^{n} \gamma_i Z_{ij} \qquad （公式2）$$

公式2中，γ_i是第k个主成分在第i个指标上的得分系数，f_{kj}是第k个主成分在第j个样本或经济地域单元上的得分。

$$F_j = \sum\limits_{k=1}^{m} w_k f_{kj} \qquad （公式3）$$

公式3中，w_k是第k个主成分的方差贡献率，F_j是第j个样本或经济地域单元的综合得分。

通过上述计算，最终得到第j个样本在该区域经济一体化的评价指数综合得分即 F_j 值。由于选取的都是正相关的指标，所以得分值的高低相应地对应一体化水平的高低。

4 城市圈经济一体化的机制构建

　　机制"Mechanism"一词来自于希腊文,原指机器工作原理及其内部构造,一是指机器的工作原理,二是指机器由哪些部分构成。后来,人们将"机制"一词引入经济和社会学的研究中,借此来表示系统各构成要素之间相互联系和作用的方式。

　　学者们因此推定,经济机制"Economic Mechanism"(又称经济运行机制)是指社会经济机体这一机器,其各构成要素之间相互制约、相互影响、相互作用的关系及功能,是为了保证社会经济运转而采取的具体经济管理手段、措施的总体。经济机制由经济杠杆、经济组织与经济政策构成,内含于社会经济生产、分配、交换和消费全过程。

　　城市圈经济一体化机制,是指以城市为中心的一定区域市场内各生产要素的所有者和企业、民间组织、对整个区域有直接管辖权的行政区政府、区域内各经济地域单元政府等行为主体,在促进和维护城市圈经济一体化与其相互制约、相互联系的关系机制。从现代社会经济运行经验来看,城市圈经济一体化机制主要有市场、政府和民间组织三大类型。

4.1 城市圈经济一体化的机制架构

城市圈作为城市化与区域经济高度关联发展所产生的在特定地域空间上以中心城市为核心的城市组合形态，已经成为所在国家和地区拓展更大发展空间的战略选择和富有国际竞争力的象征。以世界范围内已成熟的伦敦都市圈、纽约都市圈、巴黎都市圈、东京都市圈的发展历程来看，它们都存在于相对完善的发展机制中，从孤立的城市经济走向了较高形态的都市圈经济，实现了从单个都市经济向开放型区域经济的转变，进而实现了区域经济的一体化目标。但是，在我国，由于行政区与经济区发展的不协调和不一致，一定程度上限制了城市圈经济的发展壮大。受行政规划和政绩考核制度的影响，我国城市圈的中心城市其辐射带动作用不能有效发挥，制约了国内城市圈增长极的培育、发展和壮大。由于经济难以整合而导致新成长起来的城市圈实力不强，中心城市难以发挥区域经济增长极的作用，对我国区域经济发展极为不利。所以，建立有效的促进城市圈经济整合的机制，对我国城市圈的经济一体化非常重要。

城市圈经济一体化机制可以从市场机制、政府机制和民间组织机制三个方面加以设计和完善。机制设计见图 4.1 所示。

由图 4.1 可见，三大机制共同作用的"三位一体"机制能有效推动城市圈经济一体化的进程。市场机制是通过市场竞争来配置资源的方式，即资源在市场上通过自由竞争与自由交换来实现配置的机制，也是价值规律的实现形式，它在企业区位选择、要素空间配置方面发挥基础性作用。政府机制是指国家和政府通过国家权力系统的行政法规等手段，制定和推行发展目标，实施社会运行规则，通过一体化规划、一体化政策对市

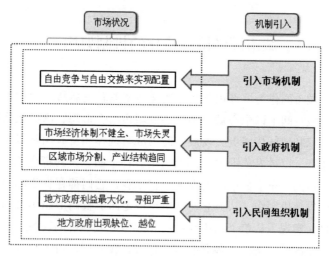

图 4.1　城市圈经济一体化的三大机制

场失灵进行"补位"。民间组织机制主要是民间组织发挥对政府失灵的"补位"作用，起到参与决策、信息传递、利益协调、监督政府等作用，是协同参与作用机制。

4.2　城市圈经济一体化的市场机制

　　亚当·斯密的"经济人"假定，认为人都是理性的、自私的，都是为了追求自身利益的最大化。在追求自身利益最大化的同时实现市场经济的整体发展，就是市场机制，也就是"看不见的手"的作用。市场机制是指借助市场价格的波动、市场主体的利益追求、市场供求变化来实现经济运行目的的调节机制，是市场经济系统内供求、竞争、价格、风险等要素之间的联系及其功能作用的过程。

市场机制主要由供求机制、价格机制、竞争机制、风险机制等构成。供求机制是通过劳务、商品、社会资源的供求关系来影响生产要素组合的机制；价格机制是通过价格信息来调节生产和流通、促进竞争和激励、反映供求关系，从而实现收入分配调节和资源配置的机制；竞争机制是通过价格竞争和非价格竞争，按照适者生存的法则调节市场经济运行的机制；风险机制是指市场经济活动与企业盈利、亏损甚至破产之间相互作用的机制。

随着市场化及城市化步伐的加快，市场经济的发展助推了城市的发展，强化了城市间的联系。企业生产的集聚，市场的建立和扩大，人口的集中，基础设施的建设，城市功能的完善，城市间的交流与联系日益紧密。由此，在人缘相亲、地缘相近、文化相同的相邻城市之间，物流、人流、资金流、技术流的互动越来越频繁，城市之间的功能就会出现分化与融合，从而促进了城市圈的发展。可见，市场机制是加快城市圈经济发展，促进城市圈实现经济一体化的推动机制。

但是，仅仅依靠市场机制在经济一体化过程中发挥作用是远远不够的，我国的市场体系还存在诸多弊端。例如，我国适应区域经济一体化的区域市场体系尚未发育成熟，市场壁垒尚未完全消除，市场一体化程度不高。虽然在总体上商品市场的壁垒已经逐步消除，但是劳动力、资金、技术和产权等要素市场的壁垒还没有完全消除，还存在不少障碍。同时，还存在市场分割严重、各行政区经济画地为牢、地方保护主义行为时有发生等现象；由于趋利性使得城市圈内产业同构现象严重，缺乏统一规划；产业结构陈旧，迫切需要升级换代。下面，我们依次对市场机制在城市圈经济一体化中的作用和缺陷进行分析研究。

4.2.1 市场机制的作用

4.2.1.1 自由整合圈内的要素

城市圈内的人才、资源、资金与技术等要素的流动，在市场机制的引导下能够形成以效率为原则的优化配置方式。市场机制可以使城市圈内各生产要素自由流动，促进城市圈内的人口集聚、产业集聚及扩散效应的充分发挥，提高城市圈内资源的优化配置效率，促进城市圈内经济的发展。经济发展了又会反过来进一步加强城市圈内各城市之间的经济联系，从而促进各城市经济结构、产业结构的转换与升级，最终优化城市圈内的经济结构，整合城市圈内的整体经济功能。

4.2.1.2 协调圈内城市的关系

克鲁格曼等人（1999）指出：在市场经济条件下，企业与个人追求自身利益或效用最大化的必然结果，使得城市的形成与发展及城市化进程加快。[1] 市场机制催生并培育了城市圈的中心城市，促进了中心城市的迅速发展及其功能的优化，密切了中心城市和外围城市以及外围城市间的联系，形成了合理的城市圈层结构。圈层结构的出现避免了城市圈内各城市之间产业结构趋同和产业链条不连贯的弊端，为产业多元化和延伸圈内产业链条提供了可能。这正是市场机制外部环境与城市圈内部城市系统之间相互作用的结果。由于市场机制外部环境与城市圈内部城市系统在发展过程中不断进行物质与能量的交换，促使城市圈内部城市系统之间发生非线性相互作用。[2] 城市圈内部

---

[1] MASAHISA FUJITA, PAUL KRUGMAN, TOMOYA MORI. On the evolution of hierarchical urban systems [J]. European Economic Review, 1999 (3): 209-251.

[2] 王放. 中国城市化与可持续发展 [M]. 北京：科学出版社，2000: 122-136，307-311.

城市系统中具有比较发展优势的中心城市，由于人口规模的扩大、功能趋向多样化，形成吸引产业和人口聚集的新动力。

在中心城市形成以后，市场机制还能通过价格杠杆的手段，调节城市圈内不同城市间的经济关系。市场机制以公民、企业和地方政府的自由选择为价值取向，人们根据利益最大化的原则配置要素，使产出和收益更有效率。市场机制的趋利性使城市圈内各城市认识到自身的地位及其在整合大都市圈中的作用，不断优化自身的产业结构和层次，应对市场机制中的竞争机制，从而提升区域竞争力。

4.2.1.3 引导产业的合理布局

城市圈经济一体化的目的是按照产业分工与合作的原理，利用圈内各个城市的比较优势和区位优势，有目的、有针对性地进行产业布局，实现产业的聚集，最终达到规模经济和范围经济，增强圈内产业的整体竞争优势。产业空间区位的选择必然离不开政府的推动，但完全依靠政府的力量还不一定能成功，还需要市场机制的作用。离开了市场机制的产业空间区位选择，城市圈经济发展的成本可能会加大。我国"三线建设"时期的产业空间布局就是如此。王一鸣（2004）指出："大都市圈在我们国家地位的突出主要是市场机制作用的结果，如果用行政力量推动，我们也推动过，总是不成功的。现在市场经济发展以后，有了这种整合的需求。"① 因为不同规模、不同区位、不同条件的大都市圈中的城市分别适宜不同的经济活动和产业发展，在市场机制的引导下，只有把竞争机制引入经济活动的空间区位选择中，才能充分发挥各种城市的效能和潜力，在竞争中最大限度地使各种空间区

---

① 王一鸣. 区域经济与大都市区区域经济 [OL]. http//finance. sina. com. cn/roll/20040522/1320773423. shim. 2009. 08. 02.

位与最适宜的经济活动结合①，并通过经济活动促进城市圈经济一体化和圈内各城市的可持续发展与繁荣。

4.2.1.4 降低信息不对称的影响

在市场机制运行中，当市场的一定空间范围内出现了市场机制的帕累托最优配置时，同这一空间范围处于共同市场中的经济要素就会流入。如果在这个特定的空间范围内，市场机制同帕累托最优配置相背时，同这一空间范围处于共同市场中的经济要素就会流出。市场机制这种天然的信息优势，正是推动城市圈经济一体化的动力。因为，在市场经济中，大都市圈内的各种决策是由当事人主动做出的，所以当事人或市场主体就会搜集较为全面的市场信息，做出相对准确的判断。这样，可以极大地降低由于信息不对称所带来的决策影响，加速不同城市功能的分工与互补，实现整体功能的一体化。

4.2.2 市场机制的缺陷

4.2.2.1 过分追求短期利益

在市场机制的作用下，城市圈内各城市更多追求的是眼前利益和地方利益，但对于城市圈的发展而言，也应该考虑长远利益和整体利益。因此，如何将城市圈内各城市市场主体的眼前利益和地方利益与整个城市圈的长远利益和整体利益整合起来，是市场经济面临的一个基本难题，也是市场机制的一个缺陷。

4.2.2.2 容易造成垄断

在城市圈内部的市场竞争中，规模经济效益显著的行业容易形成垄断（包括自然垄断和非自然垄断），使生产和技术出现停滞的趋势。市场的真谛在于竞争，但由于市场经济的规模效

---

① 汪冬梅．中国城市化问题研究 [D]．济南：山东农业大学，2003：102.

应，市场竞争又会导致积聚、集中，并最终形成垄断，从而又抑制了竞争，导致低效率，这样将不利于市场的发展。对于经济上有合理性的自然垄断部门，需要城市圈内部各城市政府和消费者参与成本核算和价格制定，否则会损害消费者的合法权益。至于经济上并无合理性的垄断（如竞争性行业的行政性垄断），不仅会破坏公平竞争的市场秩序，而且会阻碍技术进步和经济发展。更为重要的是，生产的垄断和销售价格的垄断一旦形成，垄断者就会用降低产量、减少供给、抬高价格等方法去操纵市场，以谋取最大利润。这样会导致市场机制不能有效运作，社会资源也得不到合理配置，会极大损害消费者权利和剥夺消费者剩余，造成社会收入分配不公和引发社会利益冲突。[①]

4.2.2.3　无法解决外部效应

所谓外部效应，是指私人边际成本和社会边际成本之间或私人边际效益之间的非一致性，即某些个人或企业的经济行为影响了其他个人或企业，但都没有为之承担应有的成本费用或没有获得应有的报酬。外部效应可分为外部正效应和外部负效应两种。外部正效应典型的例子是教育，而外部负效应典型的例子是污染。美国经济学家沃尔夫指出，无论是受益还是损耗，只要是经济活动产生了"外在需求"的地方，由生产者满足这种需求都是不恰当的，市场结果将是没有效率的，因为这些外部受益是不进入决定生产决策的计算。[②]城市圈是一个有机整体，城市圈内的重大基础设施、环境及资源的开发与利用等都存在正的或负的外部效应。不论是正的外部效应还是负的外部效应，都会在实质上造成私人收益与社会收益的差距，引发利

---

① 安筱鹏，韩增林．城市区域协调发展的制度变迁与组织创新［M］．北京：经济科学出版社，2006：163-165.

② 查尔斯·沃尔夫．市场或政府［M］．谢旭，译．北京：中国发展出版社，1994：18-19.

益矛盾，这些矛盾都是无法靠市场机制解决的。

4.2.3 对市场机制的评述

市场机制是推动城市圈经济一体化的根本动力，是大都市圈发展中实现经济整合的主导机制，能促进要素的自由流动、促进中心城市的形成、协调圈内城市发展的关系、引导产业的合理布局。

然而，市场经济要完全发挥亚当·斯密有关个人追求自身利益最大化必然导致整个社会经济和谐的市场机制的功能，是建立在以下三个假定的基础之上的：市场出清，在价格可以自由而迅速升降的情况下，市场上一定会实现充分就业的供求均衡状态；完全理性，在市场机制中，最优化行为起到了关键性的作用，经济行为主体（消费者、厂商）均是以利己为目的的经济人，自觉地按利益最大化原则行事；完全信息，经济行为主体可以免费而迅速全面地获得各种市场信息。① 现实中很难找到完全符合这样条件的市场，大多数都是不完全市场。

同时，市场机制还存在一些固有的内生缺陷，比如追求短期利益、产生垄断等。这些缺陷都会影响到城市圈经济一体化的实现。因此，武汉城市圈要实现经济一体化完全依靠市场机制是不够的。

4.3 城市圈经济一体化的政府机制

城市圈内各城市的经济整合离不开诸如制度统一化、基础

---

① 孟庆红. 市场经济条件下区域政府的角色定位 [J]. 学术探索，2005
（5）：27.

设施网络化等基础条件，这是市场机制难以解决的，需要政府的干预。政府机制（Government Mechanism），是指针对"市场失灵"而对经济发展进行干预的过程中，政府所采取的政策手段、机构组织、行政措施的总体，即政府对经济的干预机制。

在政府机制的作用下，城市圈一方面要实现经济整合，另一方面要提升城市圈自身的实力，促进圈内不同城市间的分工合作，解决市场机制无法解决的外部效应。虽然市场机制是推动城市圈经济一体化的主导力量，是有效配置社会资源的主要机制，但正如美国著名经济学家艾伯特·赫希曼（A. Hirschman，1958）所言，如果没有周密的政府干预，区际差异会不断增大。[①] 这正是缪尔达尔与赫希曼理论中政府干预经济的理论依据，是政府机制作用于城市圈经济一体化的依据。

4.3.1 政府机制的作用

4.3.1.1 引导城市圈健康发展

在城市圈发展过程中，如果政府不介入，则会出现环境急剧恶化、土地利用结构失衡、城郊出现贫民窟、交通过度拥挤等一系列严重问题。因此，需要政府制订综合规划，通盘考虑大都市圈的土地利用功能布局、交通体系以及相关市政基础设施建设。同时，还可以消除由于市场机制缺陷所带来的过分追求短期利益的弊端。

4.3.1.2 开展基础设施建设

大都市圈是人口和产业高度聚集的地区，经济活动强度大，物资和人员流动频繁，因此对上下水道、交通运输、污水处理和其他市政基础设施这类公共产品提出了较高要求。基础设施

---

① A. HIRSCHMAN. Strategy of Economic Development ［M］. Yale University Press，1958：124.

属于公共产品,其建设和运营只能依靠政府。基础设施不完善是制约大都市圈发展及其经济整合的瓶颈。政府在搞好基础设施建设,保证基础设施的畅通性,实现大都市圈内外物流、人流、信息流、运输流的快速流动,提高整个大都市圈国民经济的资源配置效率,加速大都市圈的基础设施一体化建设进程中,都是不可或缺的重要力量。因此,政府建设与运营基础设施,可以为大都市圈的发展提供支撑。

4.3.1.3 促进地方政府间的协作

城市圈的经济整合要求圈内各城市地方政府之间进行协调与合作。城市圈的地理范围通常包含了若干个行政区划,因此与城市圈整体发展相关的重大基础设施的规划建设就需要各地方政府之间的协调与合作。在行政区划上,不同城市分属于不同的行政单元,尤其是在我国中央和地方分权改革之后,地方政府成为利益主体,其对利益的诉求越来越强烈,这就难以避免城市圈内各地方政府之间产生竞争。假如各城市地方政府单纯谋求自身利益的最大化,就会造成基础设施重复建设等问题,也会阻碍城市圈经济功能的整合与城市圈整体竞争力的提升。所以,政府在机制设计上要尽量协调好各城市之间的利益,提高地方政府间合作的积极性。

4.3.1.4 加速城市圈的功能聚集

城市圈经济的形成既有历史、地理、经济等因素的影响,又要受政府方针、政策的制约。像我国这样一个处于经济转型期的国家,在城市圈经济整合的过程中,政府的作用是显而易见的。因为政府是打破行政区界限,实现城市圈经济功能合理化、科学化的不可或缺的政治因素。政府制定的各种大政方针、战略规划和法律法规,能够克服城市圈内各城市地方政府各自为政的缺点,有利于城市圈增长极功能的发挥,提升整个城市圈的整体功能。城市圈内有不同的行政区,而城市圈经济却是非行政区经济，是整体经济。整体经济就需要形成合理的产业分工和产业布局，以实现规模经济和范围经济，进一步增强城市圈本身的聚集功能，强化增长极的作用。政府的规范正是加速城市圈经济发展和功能聚集的强化剂。

4.3.2 政府机制的缺陷

4.3.2.1 产生新的外部效应

政府在试图修正市场失灵，限制负外部效应时产生了无法预见的副作用。任何一项政策或调节措施都会产生新的弊端。沃尔夫认为，这种"派生的外部性之所以难以预料，是因为公共政策的后果可能远离目标"①。

美国著名学者斯蒂格利茨也指出："许多行动的结果是极为复杂和难以预测的。"例如，当纽约通过了它的有关控制房租的条例后，没想到租房的供应量锐减，并使不动产业更加放任自由；而"政府只能在一定范围内控制这些后果，对计划外的影响因素政策制定者们的控制能力有限"②。

4.3.2.2 造成资源的浪费

目前，在政府部门及政府控制的公共服务部门中，寻租现象较严重，效率低下。社会为此付出的费用大大高于社会本应支付的成本。公共部门还经常提供超出需要的公共产品和服务，造成了生产过剩，浪费了宝贵的资源，从而也减少了公共福利。

4.3.2.3 形成了新的垄断

政府对经济生活的调控可以在一定程度上控制垄断，但同时又产生了新的垄断即"国家垄断"。一些企业的经济活动被人

---

① 查尔斯·沃尔夫. 市场或政府 [M]. 谢旭，译. 北京：中国发展出版社，1994：68-69.

② 斯蒂格利茨. 政府经济学 [M]. 曾强，等，译. 北京：春秋出版社，1988：6-7.

为地置于各级政府的保护之下，阻碍了生产要素在不同行业、不同部门之间的自由流动与合理配置，给一些特殊的利益集团带来好处。某些地方政府利用权力进行的再分配，其实质是将一部分人的财富转移到另一部分人手中。某些集团会通过努力以促使政府实施有利于自己的分配政策。政府在试图保护一部分人利益的同时却打击了或许是更多的人的利益。在产生这种由权力制造的新的分配不平等的同时，还打击了一部分人创造财富的积极性，这无疑会带来更大的损失。这一切都会造成低效率、资源浪费及公共福利的缩减。

4.3.2.4 引起经济起伏

在现代市场经济中，政府对宏观经济的调控，涉及诸多内容。对于任何一个政府来说，为了实现经济与社会的发展，都要致力于促进经济的稳定增长，避免经济发展的大起大落；保持物价稳定，抑制通货膨胀；为劳动者创造更多的就业机会，努力提高他们的实际收入，等等。但政府要同时实现这些目标是相当困难的，因为这些目标之间事实上存在着诸多矛盾。例如，要实现充分就业，就需要扩大财政支出，放松银根，以刺激消费与投资。这样，物价就会随需求的扩大而上升。反过来，为了抑制通货膨胀，实现物价稳定，政府就要采取紧缩政策，又会导致经济停滞并增加失业。

4.3.3 对政府机制的评述

政府机制是城市圈经济一体化中的一个重要机制。政府机制提供了公共产品的供给与管理，克服了市场微观主体对公共领域的排挤，维持了市场秩序，提供了相应的制度安排，提高了城市圈发展的效率。

但是和市场机制一样，政府机制也有弊端，即"政府失灵"。政府失灵有"过"和"不及"两种情况：一是政府对经济的干预过度，干预的范围和力度超过了弥补市场失效和维护市场机制正常运作的合理需要。二是国家干预力度不足，不能满足特定经济发展阶段弥补市场失灵和维护市场机制正常运作的合理需要，或者干预内容和干预方式不适合经济发展的要求，一些环境因素使得市场机制无法正常发挥作用。①

城市圈经济一体化，强调圈内各经济地域单元间的横向联合与分工协作，要求要素与资源在各经济地域单元间优化配置并自由流动，以市场机制作为要素与资源配置的基础性手段，以最大化城市圈经济的整体利益为目标。在政府主导型的地域经济发展模式下，在经济运行过程中，城市圈内部各经济地域单元都是具有独立利益诉求的行为主体，都有促使本地域经济快速增长与效益最大化的动机与意愿，这必然会给城市圈经济一体化的推进带来阻力，产生"行政区经济"问题。如各经济地域单元在大型基础设施建设上不衔接，在生态环境保护方面不合作，在招商引资、土地开发及产业发展等方面恶性竞争，造成经济运行质量下降、区域资源巨大浪费和生态环境恶化。为了解决政府机制的固有问题，充分发挥政府的协调作用，还需引入民间组织机制进行监督。

4.4　城市圈经济一体化的民间组织机制

市场机制和政府机制，既是促进城市圈实现经济一体化的两种约束机制，也是推动城市圈经济整合的两种主要运行机制，任何国家或地区经济的发展都离不开这两种手段。但是，我们已经了解到市场机制和政府机制自身也存在缺陷，即政府机制

---

① 周喜安. 透视政府经济职能 [M]. 北京：经济科学出版社，1999：10.

及市场机制的失灵。如果要克服市场机制和政府机制失灵的问题，就需要建立民间组织机制，如商会、社团、行业协会等社会中介组织。民间组织的发展与壮大对社会的和谐运行具有不可替代的作用，对城市圈经济一体化的高效运行更是如此。基于社会运行论的观点，社会三大部门组织即市场组织、政府组织和民间组织之间的相互促进、相互协调与和谐发展是社会经济一体化良性运行和协调发展的条件之一。

我们发现，仅仅依靠政府机制和市场机制这两套社会发展的基本工具，是难以解决政府失灵和市场失灵问题的。只有加入以社会中介组织为代表的民间组织机制这第三个社会工具，才能较好地解决政府失灵和市场失灵问题，实现人类社会的可持续发展。[1]民间组织"既能弥补市场失灵，又能弥补政府失灵，还可以极大地减轻城市圈经济一体化中社会运行的管理成本"[2]。因此，在城市圈一体化的过程中，政府和市场介入成本比较高或难以管理的领域，更需要社会中介组织来协调。

作为城市圈经济整合的社会运行机制，组织机制在弥补市场失灵和政府失灵、协调城市圈内不同利益主体的关系、培育城市圈内的遵从性社会意识等方面，都具有不可替代的重要作用。

4.4.1　民间组织机制的作用

4.4.1.1　城市圈建设的社会力量

社会中介组织主要由社团、商会和行业协会等构成，它是社会力量参与大都市圈发展的经济整合机制运行的社会基础，

---

① 李恒光，王雁，等. 成功中介必读：制度创新与中介组织培育 [M]. 北京：石油工业出版社，2002：20.

② 王圣军. 大都市圈发展的经济整合机制研究 [D]. 成都：西南财经大学，2008：240.

是推动都市圈经济整合的社会力量的代表，是社会机制正常运行并发挥作用的保证。社会中介组织中的专业性学术研究团体，凭借丰富的专业知识，逐渐承担起政府决策参谋的角色，为政府决策提供咨询和建议，提高了政府决策民主化、科学化的水平。同时，社会中介组织能够灵活地提供社会各方面、各层次的信息，能直接反映广大民众的需求，有利于提高政策制定的合理性。虽然它不能最终完成公共政策、社会制度和法律的制定，但是它在政策、制度、法律的制定过程中具有不可或缺的推动作用。[①]

4.4.1.2　有利于制度的完善

社会中介组织的存在有利于城市圈内市场机制的完善。因为市场主要担负着组织城市圈的经济活动，促进城市圈经济发展的职能。但是，市场经济远离政府这一缺陷又不利于对市场经济的管理，这就需要社会中介组织来调节，沟通市场与政府之间的关系。社会中介组织作为协调城市圈发展过程中各市场关系的媒介和载体，具有客观性和公正性的特征，能对市场体系的运行和整个市场经济起到促进作用，维护市场公平竞争。目前，在我国城市圈发展的市场机制和法制建设尚不健全的情况下，无疑需要社会中介组织来弥补市场运行中的缺憾。而社会中介组织的这种中立性和中介性的特征又决定了其没有与服务对象相冲突的组织利益，这有利于社会中介组织在政府与企业之间、政府与市场之间、企业与企业之间以及地方政府之间发挥协调功能，从而对市场进行规范与引导，为企业提供法律、信息等方面的服务，提高企业经营管理的水平和效率，促进企业加快现代企业制度建设的步伐和市场制度的建设。

---

① 纪晓岚. 长江三角洲区域发展战略研究［M］. 上海：华东理工大学出版社，2006：168-170.

4.4.1.3 优化政府行为的制衡力量

我国城市圈经济整合的过程既是政府职能转化的过程，又是经济协调优化的过程。在经济全球化的大趋势下，在保持现有行政区划不变的条件下，要实现圈内产业结构的优化、整体功能的提升，单纯靠政府机制是没有办法解决的，只有转变政府职能才是有效的途径。社会机制的良好运行，能够有效地提高我国城市圈内各地方政府决策的民主化、科学化水平，优化政府行为，提高政府效能。组织机制通过对政府行为的制衡，降低了城市圈内经济整合的行政成本，把不属于政府的职能承接过来，最大限度地发挥了社会潜能，改变了城市圈内各自为政的决策模式，优化了城市圈内的政府行为，强化了政府组织作为协调者、决策者和监督者的作用。

4.4.1.4 沟通政府、公民和企业的桥梁

在我国城市圈发展的经济整合过程中，因为圈内各城市都是独立的行政单元，就出现了"行政区经济"和"区域性经济"的矛盾，使得单纯行政区经济下政府与公民、企业的关系更加复杂，沟通工作在此时就显得尤为重要。组织机制中的社会中介组织能较好地发挥这一桥梁作用：其一，社会中介组织能够及时地集中都市圈内企业、公民等社会成员对政府的愿望、要求、建议、批评并"上传"给政府；其二，社会中介组织能把政府的政策倾向及对相关问题的处理意见"下达"给圈内的成员。这就实现了政府、企业和公民之间的沟通与互动，推动了城市圈内政府与企业、公民的合作，化解了整合过程中的矛盾。

4.4.1.5 提高经济一体化的社会参与度

民间组织能协调不同城市之间的政府、企业及个人的利益冲突和矛盾，使圈内经济资源及其经济要素按照产业集群、空间集聚的原理来合理统筹不同城市之间的产业发展要求，尽量

达到规模经济和范围经济的效应，从而使城市圈经济一体化的社会参与度大大提高。社会参与度的提高，就是对城市圈经济一体化功能的社会认同。这样，也能更为有效地推动城市圈经济一体化的制度创新和可持续发展。

4.4.2　民间组织机制的缺陷

4.4.2.1　无法完全摆脱政府和企业的影响

民间组织需要在政府法律法规允许的范围内运作，这就难免受到政府行为的左右，不可能完全实现自己既定的目标，甚至可能沦为政府的附属机构，不利于社会机制的独立运作和发展，其协调和监督功能因而大打折扣。除了政府因素外，企业对民间机制运行的影响因素也是存在的。企业和一些民间团体是资助社会机制运行的主要载体，是民间组织机制能够发挥作用的实体成员。民间组织机制的运行必然要考虑这些资助单位的意愿。所以，在监督企业自律行为时，为了本机构的生存，民间组织可能也存在监督不力的现象。这将影响民间组织机制作用的正常发挥。

4.4.2.2　容易陷入两难困境

民间组织由于受企业的资助，必然会考虑自身的生存和发展问题，这就会出现两难困境：监督太严格可能导致很多企业退出商会或行业协会，会影响这类机构的正常运作；监督不力，企业自律规则就难以形成，从而不利于行业标准和行业准则的顺利实施。可见，民间组织机制必须在符合政府和企业利益主体的要求下才能发挥应有的作用。

4.4.3　对民间组织机制的评述

民间组织中的市场中介组织、行业协会、商会为城市圈内不同利益群体之间关系的自动协调提供了可能，有利于避免城市圈内某些矛盾的激化。同时，它还为圈内城市政府、企业及个人提供了可靠的信息资源，从而为圈内政府改善宏观管理提供了决策的依据，进一步引导圈内企业按照圈内经济一体化的规划布局调整自己的市场定位和功能定位，形成圈内企业分工明确、布局合理的产业链体系。

但是，与市场机制和政府机制一样，民间组织机制也存在缺陷。"组织失灵"（Organization Failures）即"非政府非营利组织失灵"，也称为"民间组织失败"，是指非政府非营利组织或民办非企业组织对服务于社会公益这一宗旨的背离，即片面营利化、官僚化行为给消费者、社会、生态带来的负面效应。民间组织机制在城市圈经济整合中尽管是不可或缺的，但它必须是建立在市场机制和政府机制发挥作用的基础之上。如果市场机制和政府机制本身不完善，民间组织机制要想完全实现自己的功能，还是有一定难度的。所以，三种机制必须合力推进，才能够扬长避短。

4.5 推进三大机制运行的保障

4.5.1 三大机制的定位

在上文的阐述中，我们已经对三种机制各自的优势与不足进行了比较全面系统的分析。三种机制都是城市圈经济一体化中不可或缺的机制，它们各自的侧重点是不一样的。我们可以根据上文的分析来确定三种机制在大都市圈经济整合中的分工与定位。

简言之，市场机制是现代经济运行的主要机制，是推动中国经济发展和城市化进程的主导机制。没有市场机制就不会出现城市圈，没有市场机制也不会有对城市圈经济一体化机制的研究。市场经济越发达的地方，工业化和城市化率越高，经济整合的动力越足。同时，市场机制也需要一个不断完善的过程。在城市圈经济一体化的过程中，市场机制的形成也是一个长期的制度建设过程。政府这只"有形的手"在城市圈经济一体化建设中有着不可替代的作用。一个有效率的城市圈，需要由政府来生产足够数量的公共产品，由政府来对城市圈经济一体化进行合理的规划，并要由政府对城市圈经济一体化的运行机制进行必要的管理乃至经营。因此，城市圈经济一体化不仅需要中央政府的统一组织和协调，更需要城市圈内各个城市政府之间的互相配合与支持。然而，市场机制和政府机制虽然在催生和推动城市圈发展的经济整合方面是两股主要力量，但是由于两者都有其自身的不足，所以城市圈经济一体化中的信息沟通、利益协调和文化融合，则需要由市场机制和政府机制之间的民间组织机制来解决。民间组织机制是市场机制和政府机制的必要补充，是一个辅助机制，它分担了政府机构的部分职能，强化了企业等微观主体的自律行为。

通过对三大机制的分析后我们认为，城市圈的发展需要三大机制联合起来，相互促进，互通有无。具体的方式为：市场机制侧重于微观领域，政府机制侧重于宏观领域，而民间组织机制侧重于中观领域。即城市圈经济一体化是市场机制对资源配置的基础性作用，政府机制对经济的宏观调控作用，以及民间组织机制对经济的协调、润滑作用三者相辅相成和相互促进的结果。任何时候都不能忽视三者的作用，更不能将三者割裂开来，必须三者联合促进城市圈的经济一体化建设。

在城市圈经济一体化的进程中，以市场机制中的各个微观主体的理性决策为基础，通过市场上各种价格的变动、供求关系的变化以及生产者之间的竞争等来推动经济运行，实现资源配置。市场机制主要对社会经济资源的优化配置起基础性作用，政府则对市场机制的发育、市场体系的健全、市场规则的完善以及市场环境的保障和优化起建设性作用，民间组织机制则是通过激励公众参与和监督，连接了政府与市场。激励公众参与已成为发达国家城市圈规划的主要内容。

4.5.2 三大机制运行的基本条件

三大机制要促进城市圈经济一体化的有效运行，需要相应的制度环境条件作保证。这主要表现在以下几个方面：

（1）完善的基础设施建设。基础设施是城市圈经济发展的重要桥梁和实施路径。要素流动和商品贸易都是通过基础设施作为实施条件，而产业结构与产业布局的形成也是以基础设施作为依托条件。城市间特别是中心城市与周边城市之间的交通联系更加紧密，形成了既有等级公路、高速公路、轨道交通，又有城际公交、出租车和私家轿车的立体交通体系。便捷的交通网络提高了都市圈城市间的交通可达性，降低了城市间要素空间流动的成本，进而提高了集聚效益和扩散效益。因此，城市圈内基础设施完善成网的程度，会直接影响到要素流动的规模与水平，并最终影响到市场一体化的发展。在信息技术高速发展的今天，由于通信技术的不断发展，互联网的飞速发展，都使得城市之间的联系更加便捷，联络成本不断下降。同时，随着通信设施的完善和多样化，也使各城市间的经济联系更加立体化，这都将有利于都市圈的形成和发展。

（2）要素和产品的自由流动。城市圈经济一体化需要圈内要素市场和产品市场畅通无阻，无贸易壁垒，这是经济一体化的前提条件和重要基础。要素市场和产品市场贯穿于城市圈经济运行的整个过程。如果没有要素和产品的自由流通，就没有城市圈经济一体化的发展。城市圈经济一体化是顺应市场经济发展的客观要求。市场机制对城市圈内社会经济资源的优化配置起着直接的推动作用。没有统一的市场体系，城市圈就不可能实现社会经济资源的最优配置。

（3）良好的生态环境建设。良好的环境有利于城市圈的要素流动以及流速的提高。如果环境保护分而治之或缺乏必要协调，对城市圈内经济一体化的要素的流向和流速的影响是非常大的。这种影响也是城市圈实现经济一体化的障碍。

（4）较高的民间组织参与度。民间组织机制是社会机制在大都市圈经济整合中的社会参与机制，是适应社会地域文化和市民社会的客观产物。没有民间组织的参与，政策的落实和协调就难以到位。民间组织参与度的提高是社会认知度的提高。社会认知度提高了，城市圈的经济一体化才能得到发展。

4.5.3 三大机制运行的制度保证

完善的制度有助于保障三大机制共同作用于城市圈的经济一体化发展过程。在发展过程中，要及时发现政策法规中有哪些不利于城市圈发展的条款，并通过及时调整，创造更有利于城市圈发展的政策法制环境。具体表现在以下三个方面：

（1）统一的经济运行管理制度。统一的经济运行管理是经济一体化的发展模式和构架基础。城市圈经济一体化是以一定的经济运行规则进行的，并且受到一定管理机制的规范。不同的经济运行和管理机制，对经济发展有着不同的影响。城市圈经济一体化意味着要求城市圈内各经济主体具有相同的或相协调的经济运行与管理机制。这也是城市圈发展的基本环境保证。

（2）明确的制度规范和政策措施。政府职能发挥的主线应是城市圈经济一体化的制度供给，协调区际利益，消除行政分割与障碍，建立良好的市场竞争环境和条件，通过制度规范保证市场竞争的公平、公正，从而减少市场运行的交易成本，充分体现市场机制在区域资源配置中的基础性作用。通过区域协定、区域公约或局部协商、多方协议等形式，消除地方保护性壁垒，构建区域大市场。政府要在户籍制度、就业制度、教育制度、医疗和社会保障制度改革等方面加强协调，构建统一的制度框架和实施细则，实现区域框架内的融合；形成城市圈区域统一市场建设、区域共同服务体系、生产要素自由流动、投资便利化等方面的多边协议。这是城市圈经济一体化的制度规范和法律保障。不同的制度构架与政策措施，不仅会导致各经济主体经济发展结果出现差异，而且会直接影响到大都市圈经济整合的进程。

（3）科学的城市圈发展规划方案。城市圈的形成主要是圈内自身经济发展的要求，但是仅仅依靠城市圈内各个城市之间集聚与扩散力量自发地形成都市圈，是一个十分缓慢而又艰难的过程。如果缺乏政府的科学规划，城市圈的经济一体化也是不大可能实现的。

城市圈发展规划，是一定时期内城市圈的经济社会发展、土地利用、空间布局以及各项建设的综合部署和具体安排，是国家和地方政府关于城市圈建设与发展的法律法规及方针政策的具体落实，也是城市圈建设和发展的主要依据。

科学的规划对城市圈发展的保障作用主要表现在以下五个方面：第一，科学的规划对城市圈的社会、经济和环境等各项要素进行统筹安排，注重城市区域的协调发展、产业布局的合理性，保证城市间要素合理有序流动；第二，科学的规划与当地经济发展水平相适应，突出地方特色和优势，因地制宜，使城市圈的综合竞争力不断提高；第三，科学的规划中许多重大问题都以国家有关方针政策为依据，能源利用、环境污染和重大基础设施建设等问题都需要城市圈内各城市通力合作；第四，科学的规划既能解决当前的建设问题，又能合理预期未来的发展变化，保证城市圈的可持续发展；第五，科学的规划明确了未来的环境质量和生活质量，体现了以人为本的思想，保证城市圈人与自然的和谐发展。① 总之，符合发展规律的科学规划将不断完善城市圈城市等级体系、促进内部的经济联系，从而保障和促进城市圈经济一体化的发展。

综上所述，城市圈的经济一体化发展需要市场、政府、民间组织的共同作用。三项机制各有利弊。市场机制可以自由配置城市圈内的资源、降低信息的不对称性，但是也会出现"市场失灵"，所以需要引入政府机制。政府机制可以解决市场机制无法解决的如基础设施建设等问题，但也会出现"政府失灵"，带来资源的浪费和新的外部性，所以民间组织机制的作用就凸现出来了。它能够优化政府行为、提高经济一体化的社会参与度、协调市场和政府之间的关系，但是民间组织还是无法摆脱政府和企业的影响，这就需要完善民间组织的职能和增强其参与管理的意识。三项机制必须联合起来，共同促进经济一体化建设，缺一不可。

同时，三项机制作用于城市圈经济一体化发展过程中的定位各有不同，各自的侧重点也不同。市场机制对资源配置发挥着基础性的作用，政府机制对经济发挥着宏观调控的作用，民间组织机制对经济发挥的协调和监督作用。三项机制要能在城市圈经济一体化发展中发挥作用，还必须有完善的基础设施、自由的要素流动、良好的生态环境以及民间组织有较高的参与意愿等基本条件，还需要有政府和社会的各项制度作保证。

---

① 王圣军. 大都市圈发展的经济整合机制研究 [D]. 成都：西南财经大学，2008：119.

5 国内外城市圈经济一体化发展的启示

目前，欧美日等发达国家和地区其经济一体化建设已趋于完善。纽约、芝加哥、伦敦、巴黎、东京作为世界五大都市圈，以其地域广阔、国际交往能力强、人口规模宏大、要素聚集度高的优势，吸纳了当今最为先进的生产力，是世界经济发展的重要"发动机"，在城市经济和全球经济中具有重要作用。在国内，较为成熟的城市圈有长三角、珠三角和京津冀城市圈。了解它们的经验及发展历程，对研究武汉城市圈有重要的借鉴意义。

5.1 国外都市圈的经济一体化发展

5.1.1 纽约都市圈发展概述

纽约是美国最大的城市及最大的商港，也是世界的经济中心，位于纽约州东南部，被人们誉为世界之都。狭义的纽约即纽约市，是由皇后（Queens）、曼哈顿（Manhattan）、布朗克斯（Bronx）、布鲁克林（Brooklyn）和斯塔滕岛（Staten Island）五个独立的"区或自治市（Boroughs）"组成，这些"区或自治市"也被称为"县（Counties）"。

见图 5.1，从地域特点来看，斯塔滕岛和曼哈顿区四面环水，布鲁克林区和皇后区则属于长岛（Long Island）的一部分，与美国大陆相连的只有布朗克斯区。据 2011 年美国人口普查显示，纽约市区人口为 824 万余人[①]，是美国第一大城市。一个多世纪以来，纽约市一直是世界上最重要的商业和金融中心。

图 5.1　纽约市区划图

纽约区域规划协会（Regional Plan Association of New York, RPA）提出了纽约都市圈（New York Metropolitian Region）的概念。该都市圈的区域范围涵盖新泽西州的北部、康涅狄格州的南部、哈德逊下游地区以及长岛地区，具体由新泽西州（New Jersey）、纽约州（New York）和康涅狄格州（Connecticut）的31 个县构成。该区域面积约为 41 000 平方公里，辖域人口高达

---

① 参见纽约市政府官网（http：//www.nyc.gov/）。

2 000万人，是全美最大的都市区，也是世界上最大的城市密集区之一。

纽约大都市圈大致可以划分为三个圈层：第一层，核心层，由纽约市的五个区组成，曼哈顿则是"核心层的核心"；第二层，内圈层（Inner counties），由近郊的12个县组成；第三层，外圈层（Outer Couniies），由远郊的14个县组成。

在发展规划方面，迄今为止RPA共进行过三次区域规划调整。RPA在1921—1929年对纽约大都市圈进行了第一次区域规划，其核心为"中心化再造"（Recentralization）。该规划提出了在建设都市景观时采用环路系统的方法：工业布局在沿交通枢纽的郊区工业园中；办公就业从中心城市疏散出去；居住向整个地区扩散，而非形成密集的邻里。第二次世界大战后，典型的美国发展模式促成了郊区以公路建设为先导在纽约大都市圈迅速蔓延，其缺陷是延长了通勤者的里程数。RPA在1968年发布了第二次区域规划，并提出以下建设原则：一是引入新住宅分区政策，提供更加多样化的住宅密度和类型；二是建立新的城市中心，提供高水平的公共服务及大量的就业岗位，同时将纽约改造成多中心大城市；三是城市应尽量提高服务设施水平，吸引各社会阶层和不同收入水平的居民；四是制订更好的公共交通运输规划，使这些中心能发挥正常的作用；五是新城发展仍是区域发展的主要部分，应保持自然状态。然而，郊区的发展消耗了大量土地资源，并导致小汽车的更多使用，从而带来了区域空气质量下降和交通拥堵。随后，中心城市出现衰退迹象，土地资源没有得到有效利用，形成了"空洞化"的现象。RPA在1996年发表了第三次区域发展规划，明确提出了"3E"——环境（Environment）、经济（Economy）与公平（Equity）的目标，凸现了环境、公平的重要性，体现了区域和城市的可持续发展。规划的基本目标是靠政策和投资来重建"3E"，加强对社会、环境、基础设施与劳动力的投资，促进地区的可持续发展。

纽约都市圈采用各中心城市主导产业错位发展的产业结构政策。这是纽约都市圈始终保持可持续发展能力的重要保障之一。在城市功能定位上，与纽约相比，各次级中心城市形成了独具特色的发展格局：纽约作为国际性的金融中心，形成了最为齐全而发达的生产性服务业，为整个都市圈和全球经济发展提供多种重要的高端专业化服务；华盛顿是全美的政治中心，集聚了一大批全球性金融机构，总部经济优势明显，这里有国际货币基金组织、世界银行以及美洲发展银行等的总部；波士顿是全美最负盛名的高等教育名城和高科技产业基地，与"硅谷"齐名的"高科技走廊"沿波士顿128号公路分布；费城是纽约大都市圈的港口城市和交通枢纽，交通运输、航空及国防工业比较发达；巴尔的摩紧邻华盛顿特区，占有联邦开支和政府采购合同的大部分，国防及矿冶工业基础良好。

同时，在一些细分产业发展中，纽约都市圈也呈现出错位发展、有序分工的格局。纽约都市圈位于大西洋沿岸，有纽约港、巴尔的摩港、费城港和波士顿港。纽约港作为美国东部最大的商港，发展的重点是集装箱运输；费城港则主要开展近海货运；巴尔的摩港是煤、矿石和谷物的转运港；波士顿港具有以转运地方产品为主的商港兼渔港的性质。港口发展一直是该区域的基础。通过有序分工，这些港口构成了以纽约港为中心枢纽的美国东海岸港口群，运营灵活，分工合理。

美国作为联邦制国家，在管理体制方面，地方自治意识较强。不过，在大都市圈的管理方面却体现了较强的"集权"意识。一方面，为了促进城市的统一发展，就要对基层政区的政府行为进行制约，各级政府部门之间形成了一套较为完善和有效的制衡机制；另一方面，基于地方自治传统，要充分考虑地方利益和居民的需求。比如，以城市规划的权力分配来看，三级政区都有权审核土地利用规划和社区规划，各级政区的利益都能有效表达，尤其是通过引导社区居民参与，使得社区规划更能反映居民的切身利益和需要，相当程度上体现了社会公平和人文关怀。同时，最终决策权仍然在市级政府。市级政府保持着对城市的统一管理与控制权，区级政府权力相对弱化，没有立法机构，更多的是行使市级政府与基层社区的中介者和本区利益的表达者的职能，即便拥有一些审批权限，也要受到基层社区和上级政府的制衡，呈现出"强市弱区"的特点。

从纽约都市圈的发展经验来看，城市的规划应始终尊重经济社会发展的客观规律，"第三部门" RPA 的三次区域规划效果，充分说明了以中介组织为代表的民间组织机制在促进区域整体发展、协调不同行政区域的利益方面作用显著。同时，采取合理的产业结构政策，既能成功地提升中心城市的实力和地位，又能促进周围地区的良好发展。联邦制国家独特的行政管理体制，对经济一体化的高效形成也具有促进作用。

5.1.2 伦敦都市圈发展概述

20 世纪 70 年代，伦敦都市圈逐渐形成以伦敦—利物浦为轴线，囊括伦敦、曼彻斯特、伯明翰、利物浦等几个大城市和众多中小城镇的都市区域（见图 5.2）。该区域占地面积约为 4.45 万平方公里，占英国总面积的 18.4%，经济总量约占全英国的 80%，是英国主要的经济核心区和生产基地。在空间结构上，伦敦都市圈包括以下四个圈层：第一层是内伦敦，是都市圈的核心区，包括伦敦金融城及内城区，面积约为 310 平方公里；第二层是伦敦市或大伦敦地区，即标准的伦敦市统计区，包括内伦敦和外伦敦的 20 个市辖区，面积约为 1 580 平方公里；第三层是伦敦大都市区，是伦敦都市圈的内圈，包括伦敦市及附近郊区，总面积43 110平方公里；第四层是伦敦都市圈，是伦敦都市圈的外圈。①

图5.2　伦敦大都市圈地域分布图

在空间结构方面，到目前为止，伦敦大都市圈总共编制设计了三次规划方案。1942—1944年，在霍华德和盖迪斯规划思想的影响下，适逢伦敦出现了城市无序扩张、人口过度集中的局面，因此提出了"组合城市"的概念——以伦敦为圆心、48公里为半径的范围内划分四个同心圆：内环、郊区圈、绿带环和乡村外环。在建设田园城市理念的指导下，沿三条快速交通干线向外扩张。1944—2000年，英国政府相继出台了一些城市规划政策，如20世纪50年代末实施的卫星城规划，60年代中

---

① 孙思远，胡树华. 浅析国内外城市群研究现状及瓶颈［J］. 商业现代化，2009（4）：49.

期实施的三条快速主干道发展长廊与三座"反磁力吸引中心"城市规划，旨在消除同心圆封闭布局模式的弊端，70年代开始实施旧城保护与改建计划。随后，伦敦城市规划越来越向区域一体化和"世界城市"目标演变。如1994年发布的《伦敦战略规划建议书》，明确提出了伦敦市和东南部地方规划圈间的关系与发展战略，以区域发展的视野强化伦敦作为世界主要城市的地位，打造"新伦敦都市区"。由于发展的不平衡，伦敦政府对伦敦都市圈进行了重构，并在2000年编制第二次伦敦都市圈规划时，提出要把伦敦建设成为"一座可持续的、世界级的城市"，强调并鼓励大伦敦的增长，改变以前限制性增长的战略，全面关注伦敦的环境、就业、交通和居住等问题。[1] 进入21世纪以后，伦敦更加注重产业、功能规划与空间规划相协调，于2004年出台了第三次规划。该规划成为指导伦敦未来数十年发展的最重要的一个城市规划文件。该规划重点研究提出了伦敦的五大现代服务业功能区和五大分区，而且在整个规划框架中，进一步将某些具体区域界定为强化区域、机遇区域和重建区域。在城市规划实施过程中，伦敦政府运用法律手段予以支持起到了重要作用。如《新城法》《绿带法》等，不仅保障了伦敦规划的方向，还促进了大都市圈的形成。[2]

在产业结构调整方面，由于传统产业成本优势的逐步丧失和竞争力趋弱，英国经济在数次世界性产业结构调整中面临被边缘化的危险，但每次都由于伦敦在新兴战略性产业上的引领作用和先导贡献，而重新将英国带回世界经济的核心舞台。在雾都时代，伦敦直接引爆了早期的工业革命，是当时的工业中

---

① 罗宾·汤普森. 大伦敦战略规划介绍 [J]. 城市规划, 2003 (1): 33-34.

② 张强. 全球五大都市圈的特点、做法及经验 [J]. 城市观察, 2009 (02): 24.

心；之后，在 20 世纪 20 至 30 年代又相继建立了汽车、电气机械、飞机等一系列新兴工业部门，成为当时资本主义世界中工业规模最大的一个城市，并在 20 世纪 50 至 60 年代达到顶峰。① 其后，具有战略意义的金融业逐步崛起，到 20 世纪 80 年代末期，金融业成为伦敦最大的经济部门，也使伦敦成为全球最大的国际金融中心。目前，随着金融业发展趋缓，创意与文化产业又给伦敦注入了新的发展动力，以设计、广告、软件、电视广播、表演艺术等为代表的创意产业发展速度超过了其他产业，开始在大伦敦地区异军突起。截至目前，文化创意产业已成为解决就业的第三大产业和仅次于金融服务业的第二大支柱产业，伦敦再次戴上了"世界创意之都"的桂冠，并进一步辐射带动了周边中小城市的现代化进程与产业升级，促进了伦敦都市圈的发展。

伦敦都市圈区域内各级中心城市的分工与合作以及功能一体化，离不开发达的交通网络。首先，伦敦的航空运输业十分发达，有盖茨维克、希思罗两个机场。其中，希思罗机场是欧洲客运量最大的机场。其次，伦敦的市内交通也很方便，地铁是主要交通工具。伦敦地铁的管理和技术设备先进，所有信号和调度系统均为自动控制。如今，大伦敦市区共有公共汽车线路 350 多条，总长度为 2800 公里，公共汽车 6600 多辆，且都是双层公共汽车。此外，伦敦还有约 1.3 万辆出租汽车。最后，伦敦港是世界著名的港口之一，也是英国最大的港口，全港包括印度和米尔沃尔码头区、皇家码头区、蒂尔伯里码头区，与 70 多个国家和地区的港口建立了联系，年吞吐量约 4500 万吨，仅次于纽约、横滨、鹿特丹和新加坡等港口。

---

① 上海市经济委员会. 世界服务业重点行业发展动态 [M]. 上海：上海科学技术文献出版社，2010：76-79.

与其他国家不同的是，在管理体制方面，伦敦大都市行政组织体制和区划体制的演变先后经历了分散、统一、分散、再统一四个阶段。早期，伦敦还没有统一的大都市区政府。随着城区规模不断向周围扩张，管理体制与区划模式滞后于经济社会发展的矛盾日渐突出。1855 年成立了都市工作委员会，在性质上初步具备了伦敦都市地方管理机构的雏形。1888 年成立了伦敦郡，由居民直接选举产生伦敦郡议会。1900 年伦敦郡进行改革，仍然实行二级体制，赋予伦敦郡议会很大的权力，同时废除教区，改建为自治市，但自治市之间各自为政、相互牵制，郡议会和自治市议会两级政府之间的关系难以协调。为改变这种局面，伦敦于 1965 年成立了大伦敦议会和自治市议会，之后伦敦一直保持的是"大伦敦议会—自治市议会"双层管理模式，在一定程度上降低了大伦敦议会干预城市发展的权威性，削弱了其有效发挥战略职责的能力。由于种种原因，大伦敦议会于1986 年被英国中央政府废除，各级政府及其下属组织以及社会团体纷纷介入，伦敦的管理与运行陷入多头分散的混乱局面。经过十多年的漫长时间，在 1998 年 5 月建立了统一的大伦敦管理局，主要职责范围包括土地利用规划、交通运输、环境保护、经济发展、社会治安维持、文化体育和公众健康、火灾和紧急事务处理等。过去的大伦敦议会作为战略性管理机构，主要承担综合协调和行政管理工作，现在它的绝大部分业务职能分别由大都市区警察局、伦敦火灾和紧急事务处理局、伦敦交通局、伦敦发展局四大附属职能团体承担。目前，伦敦的城市管理改革还在朝着城市统一管理的大方向演进。

综上所述，都市圈的经济发展离不开核心城市的规模、经济影响力和强大的交通网络。核心城市对都市圈整体经济的发展至关重要，而促进核心城市阶段发展的主要动力来自于城市化和工业化。伦敦作为核心城市，其发展直接影响到整个都市圈的发展，适时进行产业转型至关重要。

5.1.3　东京都市圈发展概述

东京大都市圈位于日本列岛东南侧，濒临东京湾，是以日本首都东京为核心，以京滨—京叶临海工业带为依托，由东京及其周边半径距离为 100 公里范围左右的 20 余个规模大小不等的城市组成的环状大都市圈（见图 5.3）。

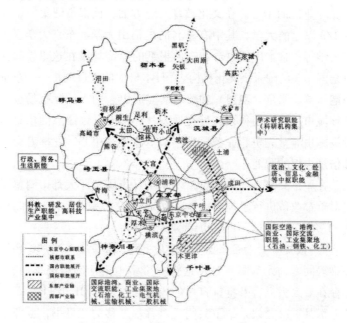

图 5.3　东京大都市圈地域分布及主要县市的职能分工图

资料来源：卢明华，李国平，孙铁山．东京大都市圈内各核心城市的职能分工及启示研究［J］．地理科学，2003，23（2）：152．

狭义的东京都市圈是指东京、神奈川、千叶、崎玉这"一都三县"。广义的东京都市圈包括东京、崎玉、千叶、神奈川、茨城、栃木、群马、山梨等"一都七县"所构成的地域单元。

都市圈面积 36 884 平方公里，占日本国土总面积的 9.8%。东京大都市圈已逐步确立起全球第三大金融中心的地位，是日本的政治、经济、文化中心和交通、信息枢纽。

该都市圈集中了主要的政治党派总部、地方政府办事部门、外国使领馆以及民间企业的相应机构，也集中着国家立法、行政和司法机构，发挥着政治、行政中枢的职能。它是日本各主导产业（制造业、商业、服务业、不动产业、运输通信业、金融保险业）的中心。在文化教育产业方面，该都市圈集中了全国 1/3 以上的大学，其中有著名的早稻田大学、东京大学、庆应大学等；日本广播电台和三大报纸的总部均设在这里，共拥有全国 1/3 的国家级文化机构。① 日本最大的港口群体——东京湾港口群、东京（羽田）和新东京（成田）两大国际机场也位于该城市圈内，使得该区域交通发达。同时，该区域的信息基础设施也非常先进、完备，是全国信息处理中心，发挥着交通和信息中枢的职能。

在城市圈发展规划方面，1985 年日本国土厅大都市圈整备局对首都改造进行了规划，提出改变东京"一极集中"的结构为"多极、多圈层"的城市结构（见图 5.4）。

"一极集中"会带来如生活质量下降、通勤距离增加、环境污染等问题，尤其是对日本这样一个多地震活动的国家而言，还存在着人为灾害及抵抗自然的风险问题。② 2001 年 11 月召开的七都县首脑会议采纳了共同反对首都迁移的意见书，也即东京都一直倡导的"展都论"，主张在首都圈城市内共同分担首都功能，将集中在东京的首都功能的一部分分散展开到其周围的

---

① 冯春萍，宁越敏．美日大都市带内部的分工与合作［J］．城市问题，1998（2）：61-63.

② 谭纵波．东京大城市圈的形成、问题与对策对北京的启示［J］．国外城市规划，2000（2）：8-11.

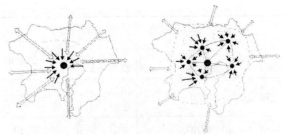

图 5.4　东京大都市圈的发展结构演变
——从"单核"到"多核"的发展

资料来源：卢明华、李国平、孙铁山．东京大都市圈内
各核心城市的职能分工及启示研究［J］．地理科学，2003，
23（2）：151.

地区。为推进"展都型首都机能再配置"，东京大都市圈又被进
一步分成几个独立的区域，而后在其下面继续细分为业务核心
城市和次核心城市，并配置相应的政府机关、业务、金融、信
息服务等中枢机能或会议场所，培育出自立性强的都市圈。① 表
5.1 是各独立区域的核心城市及职能分工明细。

表 5.1　"展都型首都机能再配置"职能划分表

	业务核心城市	职能	次核心城市
东京中心部	区部	政治、行政、金融、信息、经济、文化	
多摩自立都市圈	八王子市 立川市	商业、大学集聚	
神奈川自立都市圈	横滨市 川崎市	国际港湾、工业集聚	青梅市

---

① 卢明华，李国平，孙铁山．东京大都市圈内各核心城市的职能分工及启
示研究［J］．地理科学，2003，23（2）：152.

表5.1(续)

	业务核心城市	职能	次核心城市
崎玉自立都市圈	大宫市 浦和市	居住、 政府集聚	厚木市
千叶自立都市圈	千叶市	国际空港、 港湾、工业集聚	熊谷市
茨城南部自立 都市圈	土浦市 筑波地区	大学、研究 机构集聚	成田、木更 津市

资料来源：卢明华，李国平，孙铁山. 东京大都市圈内各核心城市的职能分工及启示研究［J］. 地理科学，2003，23（2）：152.

在产业布局方面，东京的各区部城市集中了绝大部分的政府、行政、管理机构，以及金融业、批发业、服务业、印刷业等相关部门。多摩地区接受东京区部城市相关功能的转移，成为大学、研究开发机构和高科技产业等的集聚之地。神奈川区域发挥作为工业集聚地和国际港湾的优势，加强了研发、商业、国际交流、居住等职能。崎玉区域现已成为集政府机构、商务职能、生活、居住为一体的日本副都。千叶区域拥有日本最大的原料输入港，现已形成以国际商务为主的业务体系，发挥着国际空港、港湾、工业集聚地以及区域商务、国际交流的职能。茨城南部区域已成为以研究机构和筑波科学城为主体的科研集聚之地，发挥着高科技和教育科研职能。此外，东京大都市圈圈内外的分工也很明晰，即政治、行政、教育、文化、金融、信息等职能主要集中在都市圈内部，外围区主要集中了杂货业、工业、电器机械、交通机械和一般机械业。

综上所述，合理的城市规划将推进都市圈的发展。"展都型首都机能再配置"就比"一极集中"更适合东京都市圈的发展。同时，城市圈内各城市职能分工的明确，将有助于实现城市圈区域社会经济的全面协调发展，也有利于促进该区域合理分工体系的形成，从而带动区域经济的增长与发展。

5.1.4　巴黎都市圈发展概述

巴黎都市圈由巴黎市和上塞纳、瓦兹-马恩、塞纳-圣德尼、埃松、塞纳-马恩、万勒德瓦兹、伊夫林7个省组成（见图5.5），总面积为12 072平方公里，占法国国土面积的2.2%。2011年，巴黎都市圈内人口约为1 200万人，占法国人口的19%。巴黎都市圈是欧洲最密集的都市区。

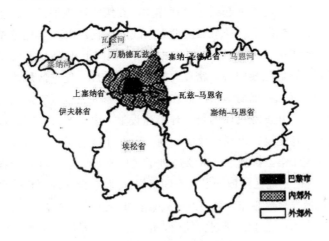

图5.5　巴黎大都市圈地域分布图

资料来源：http://www.istis.sh.cn/（上海情报服务平台）。

按法国行政区域划分，巴黎市是省级行政单位，巴黎大都市圈的核心城市也是巴黎市。据法国全国统计研究所（INSEE）的统计显示，截至2011年，巴黎市区人口已达到225.8万人，占都市圈总人口的19%；巴黎市区面积105平方公里，仅占都市圈总面积的0.9%；人口密度每平方公里约21 505人。

在空间规划方面，巴黎都市圈一共完成了六次大的规划方案。在规划上主要存在两种不同的指导思想：一是初期阶段，限制都市圈向郊区扩展；二是积极转向为拓展城市发展空间并实现区域空间的可持续发展。19世纪末以来，巴黎的城市发展开始进入快速扩张阶段，但同时又引发了交通拥挤、公共设施不足等城市问题，政府部门意识到了以巴黎为核心的区域空间布局的必要性。1934年，巴黎都市圈实行了第一次规划。这一规划是在城市建设向郊区扩散现象日趋严重的情况下制订的，旨在控制城市发展的占地范围。此次规划限制了城区向郊区的发展，对巴黎的扩展起到了负面作用。在第一次规划没有得到很好实施的情况下，受第二次世界大战的影响，1956年巴黎都市圈实行了第二次规划，提出了"巴黎地区国土开发计划"。这次规划以降低巴黎中心区密度、提高郊区密度、促进区域均衡发展为目标，将规划的重点放在城市建设布局、区域交通结构和社会住宅开发等具体的物质环境建设上。由于城市向郊区蔓延的现象还是没有得到有效的控制，1960年政府又对都市圈的发展制定了第三次规划，审议通过了《巴黎地区整治规划管理纲要》《巴黎地区区域开发与空间组织计划》。此次规划将建设新的区域发展核心作为城市发展战略的重要方面，"新城"这一概念首次出现在正式规划文件中。前三次都市圈规划基本都延续了限制城市向郊区发展的思想，这种规划严重束缚了巴黎的发展。1965年通过的《城市规划和地区整治战略规划》是第四次规划方案，这次规划被认为是巴黎都市圈发展的"转折点"。它主张突破现有用地范围的限制，在空间布局上主张开发新城。其后，第五次大都市圈规划要求努力建设综合性、多样化的城市，逐步形成沿两轴线布局的多中心空间格局，并在强调城市扩展和空间重组的同时，主张加强保护自然环境，要求城市建设和自然环境协调发展。1994年，在保持上一次的规划思想，根据自身发展现状和国际形势的基础上，确立了第六次规划方案——《巴黎大区总体规划》。该规划对保护自然环境、城市空间整合及运输系统建设三个方面分别进行了详细说明。①

在产业发展方面，与其他都市圈相比，巴黎都市圈具有独特的优势。巴黎都市圈不仅是法国最大的经济中心，也是欧洲重要的都市经济圈，更是欧洲最富裕的地区。它集中了众多的国际企业和高级研究机构，全国2/3的高级政府人员和专业技术人员均在此进行着频繁的国际商业活动。作为世界历史名城，巴黎有着丰富的历史文化遗产、众多的旅游胜地和多彩的都市文化生活。巴黎产业部门齐全。奢侈品生产是巴黎工业的一大特色，在工业生产中居第二位，产品包括贵重金属器具、皮革制品、瓷器、服装等。巴黎的金融、保险、商业、会议博览和旅游业都很发达，第三产业就业人口占巴黎就业人口的70%。正是由于巴黎都市圈大量的服务业与巴黎市的发展定位高度吻合，使得巴黎都市圈成为国际交往多、人员专业化水平高的大城市。②

在交通网络方面，法国目前拥有1万公里高速公路和全世界最发达的公共交通系统。巴黎市内水、陆、空交通发达，地铁与公交网覆盖全部市区。巴黎极为便利的交通设施，加上郊外的高速铁路系统，可以通达整个欧洲，使巴黎成为欧洲的交通枢纽。由巴黎至伦敦、布鲁塞尔、阿姆斯特丹、科隆及德国西部等地的航程均在1小时之内。

从上面的分析可知，巴黎都市圈的空间结构演变具有自身的特点。在巴黎都市圈建设过程中，政府运用了法律手段来确保都市圈规划的顺利实施，这是巴黎都市圈建设中最重要的特

---

① 曲凌雁. 大巴黎地区的形成与其整体规划发展 [J]. 世界地理研究，2000（9）：69-74.

② 王圣军. 大都市圈发展的经济整合机制研究 [D]. 成都：西南财经大学，2008.

点。从历史与区位看，巴黎都市圈具有欧洲乃至全球大都市的众多优势，在欧洲乃至整个世界占有重要地位，如果没有正确的规划指导，这些优势将得不到充分发挥。前三次规划主要是限制城市向郊区发展，本身带有某种消极性。后三次规划则采取以推动巴黎都市圈整体均衡发展为核心的积极战略，极大地推动了巴黎都市圈的发展。从基础设施建设方面来看，完善的交通系统使法国城市与欧洲其他大城市之间联系更加便捷，促进了巴黎都市圈内城市的联系，为人们的工作、娱乐、休憩等各种活动提供服务，这是巴黎都市圈经济得以发展的保证。

5.2　国内城市圈的经济一体化发展

5.2.1　长三角城市经济圈发展概述

长江三角洲城市经济圈是中国最重要的基本经济区之一，简称"长三角城市圈"，位于中国沿江沿海"T"字带，是中国最大的城市圈，面积21.07万平方公里。

长三角由沿江城市带和杭州湾城市群构成，成员包括上海、江苏（南京、苏州、无锡、常州、镇江、扬州、南通、泰州）、浙江（杭州、宁波、嘉兴、湖州、绍兴、舟山、台州）的16个长三角城市，以及江苏盐城、淮安，浙江衢州、金华，安徽合肥、马鞍山6个泛长三角城市（其分布见图5.6）。本书中的长三角城市圈主要是指由16个城市构成的城市圈。

新中国成立前，上海凭借其特殊的政治条件和优越的地理位置，成为东亚最大的金融、贸易和工商业中心。1937年抗战爆发，上海经济全面衰退。从1949年新中国成立到1978年，中国选择了苏联式高度集中计划经济体制和封闭型经济发展战略，

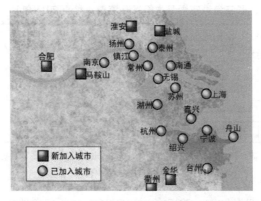

图 5.6 （泛）长江三角洲主要城市区位分布图

资料来源：合肥昂首跻身"长三角"俱乐部［N］. 合肥晚报, 2010-03-04.

使上海经济状况迅速好转。但随之而来的"文化大革命"又使得国民经济几近崩溃，上海失去了全国乃至东亚最大金融和贸易中心的地位，只被定为全国最大的工业基地，功能相对单一。①改革开放以后，特别是 1992 年 10 月，中国共产党第十四次全国代表大会明确指出，以上海浦东开发开放为龙头，进一步开放长江沿岸城市，尽快把上海建设成国际经济、金融、贸易中心之一，带动长江三角洲和整个长江流域地区实现经济的新飞跃（简称"一个龙头、三个中心"）。上海又重新回归国际大都市的行列，成为全国发展速度最快、投资环境最佳、经济内在素质最好的地区之一。2008 年国务院关于进一步发展长三角的指导意见中，正式确定将长三角界定为两省一市，即江苏、浙江全省和上海市。表 5.2 为长三角两省一市截至 2011 年的基本概况。

---

① 韩佳. 长江三角洲区域经济一体化发展研究［D］. 上海：华东师范大学，2008：67.

表 5.2　长三角城市圈基本概况一览表（截至 2011 年）

城市	面积 （平方公里）	GDP （亿元）	人口 （万人）	人均 GDP （元）	人口密度 （人/平方公里）
上海市	6 340.5	19 195.69	2 347	82 560	3 702
江苏省	102 600	49 110.27	7 899	62 290	770
浙江省	101 800	32 318.85	5 463	59 249	537
长三角	210 740.5	100 624.81	15 709	64 056	745

数据来源：根据中经网统计数据库综合年度库（2011 年）相关数据整理。

2010 年 6 月，国家发改委正式印发长三角区域规划。该规划的规划期为 2009—2015 年。到 2015 年，长三角地区应率先实现全面建设小康社会的目标；到 2020 年，力争率先基本实现现代化。规划中指出：长三角的战略定位是亚太地区重要的国际门户、全球重要的现代服务业和先进制造业中心、具有较强国际竞争力的世界级城市群。其中，全球重要的现代服务业中心定位是首次提出。根据规划，长三角将形成以上海为核心的"一核九带"空间格局，即以上海为核心，沿沪宁和沪杭甬线、沿江、沿湾、沿海、沿宁湖杭线、沿东陇海线、沿运河、沿温丽金衢线为发展带的空间格局。

在产业结构方面，据中经网的统计数据显示，上海市、江苏省、浙江省的三次产业增加值占 GDP 的比重分别是 0.7：41.3：58，6.3：51.3：42.4，4.9：51.2：43.9，可见第三产业的贡献率在长三角的三个地区都是较高的。长三角地区服务业发展迅速，包括金融、房地产和信息咨询等部门，是城市圈经济发展中的一股强大力量。上海服务业产值比重超过工业产值比重，位居第一，产业高级化趋势非常明显，已出现较明显的去工业化现象。江、浙两省第三产业的比重近几年有所攀升，呈现"二、三、一"的格局，且差距正日渐缩小，已出现去工业化的萌芽，完成工业化也是指日可待。

为了充分发挥长三角民间组织的促进作用，长三角城市圈每年都会组织"长三角民间组织交流论坛"，主要研究长三角民间组织的合作规划，交流三地信息，包括发展现状、发展战略、发展环境和总结经验等，研究解决长三角区域合作中民间组织需要协调的重大问题，审议、决定长三角民间组织合作的重大活动。

　　行业协会也是民间组织的重要组成部分，目前长三角城市圈共有省市级行业协会559家，已开展交流合作的有27家，涉及信息交流、市场分析、对策研讨、成果推介等多个方面，并取得了显著成效。

　　纵观长江三角洲地区的发展，在100年左右的时间内，上海的中心地位经历了从确立到消失到再确立的过程。这离不开天时（改革开放的机遇）、地利（优越的地理条件）、人和（高效的政府机制）等因素的相互作用，加上产业结构的高级化以及合理的区域规划及发展目标的制定，保证了整个长三角区域经济的高速协调发展。

5.2.2　珠三角城市经济圈发展概述

　　珠江三角洲，简称"珠三角"，是组成珠江的西江、北江和东江入海时冲击沉淀而成的一个三角洲，面积大约10 000多平方公里。我们通常所说的珠三角区或"小珠三角区"是指珠江沿岸广州、深圳、佛山、珠海、东莞、中山、惠州、江门、肇庆9个城市组成的区域；"大珠三角区"指的是广东、香港、澳门三地构成的区域；"泛珠三角区"包括珠江流域地域相邻、经贸关系密切的福建、江西、广西、海南、湖南、四川、云南、贵州和广东9省区，以及香港、澳门2个特别行政区，简称"9+2"。本书所探讨的区域主要是指小珠三角城市圈区域。圈内各城市的分布见图5.7。

　　由于地理位置独特和具有一定的历史性，珠三角的经济发

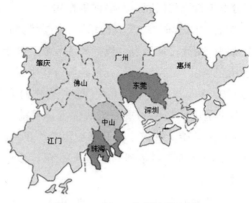

图 5.7　珠江三角洲主要城市
（不含香港、澳门特区）区位分布图

展也伴随着国家和民族的命运几番起落、几经沉浮，既有过辉煌的历史，也有过迷茫的阶段。

　　自明代以来，中国实行海禁，闭关锁国，地处东南一隅的珠江三角洲没能得到发展。到了近代，周边的香港、澳门又沦为西方列强的殖民地，使其更是饱受屈辱。珠三角城市圈的真正发展应该是从新中国成立后开始的。新中国成立伊始即遭到帝国主义的封锁，国家把深圳、珠海列为边防禁区，强调珠三角的国防前线地位，国家投资少，经济发展缓慢。十一届三中全会召开后，改革开放的基本国策给地处中国沿海的珠三角带来了天时地利之便，经济飞快发展，人口迅速增加，城镇结构和布局发生了根本性变化，港粤"前店后厂"式的分工开始确立，极大地促进了珠三角的工业化和城市化进程。进入 20 世纪 90 年代，随着工业化的推进，珠三角经济发展由重视第一、第二产业转为第二、第三产业并举，城市化水平也不断提高。

　　在发展规划方面，2008 年国务院批准的中期规划《珠江三角洲地区改革发展规划纲要（2008—2020 年）》明确了珠三角产业发展的定位是：坚持高端发展的战略取向，建设自主创新高地，打造若干规模和水平居世界前列的先进制造产业基地，培育一批具有国际竞争力的世界级企业和品牌，发展与香港国际金融中心相配套的现代服务业体系，建设与港澳地区错位发展的国际航运、物流、贸易、会展、旅游和创新中心。按照规划，整个珠江三角洲的发展目标是，到 2020 年率先基本实现现代化，基本建立完善的社会主义市场经济体制，形成以现代服务业和先进制造业为主的产业结构，形成具有世界先进水平的科技创新能力，形成全体人民和谐相处的局面，成为粤港澳三地分工合作、优势互补、全球最具核心竞争力的大都市圈之一，人均地区生产总值达到135 000元，服务业增加值比重达到60%；城乡居民收入水平比 2012 年翻一番，合理有序的收入分配格局基本形成；平均期望寿命达到 80 岁，实现全社会更高水平的社会保障；城镇化水平达到85%左右，单位生产总值能耗和环境质量达到或接近世界先进水平。

在基础设施方面，为完善综合交通体系，促进珠江三角洲地区区域经济一体化战略的实施，《珠江三角洲地区城际轨道交通网规划（2005—2020 年）》中明确了该区域的发展目标是：形成以广州、深圳、珠海为主要枢纽，覆盖区域内主要城镇，便捷、快速、安全、高效的城际轨道交通网络。实现以广州为中心、主要城市间 1 小时互通，以及珠江三角洲中部、东部和西部都市区内部 1 小时互通。2012 年 12 月，随着京广高铁正式贯通运营，北京至广州最快 8 小时到达，进一步促进了珠三角和京津冀经济圈的联动。

综上所述，珠江三角洲是我国改革开放的先行地区，加之经济特区的设立，使得地方政府的主导作用十分显著。它们主要支持发展生产性投资、规划和兴建各种开发区，为推动珠三角的工业化起到了重要作用。另外，由于珠三角独特的区位条件，使港澳资本和劳动密集型产业借两地落差形成势能，完成了珠三角工业化的原始积累。同时，珠三角市场体系完善，国内与国外市场的双向流动效应，加之完备的城际交通保障，也促进了珠三角经济圈的迅速发展。当然，我们也要看到在发展经济的同时所引发的一系列问题，主要是产业结构问题，还需要在未来的改革中不断创新和升级，才能保持该地区经济发展的持久性。

5.2.3 京津冀城市经济圈发展概述

相对于长三角、珠三角城市经济圈，作为中国第三增长极的京津冀城市圈起步较晚。按照国家发改委的标准，京津冀都市圈包括北京市、天津市以及河北省的 8 个地级市（秦皇岛、唐山、廊坊、保定、石家庄、沧州、张家口、承德）。该区域土地面积约 9 万平方公里，人口总数约 6 000 万人，以汽车工业、电子工业、机械工业、冶金工业为主，是全国主要的高新技术和重工业基地，也是我国北方经济发展的重要增长极（见图 5.8）。

图 5.8 京津冀经济圈所涵盖省市示意图

京津冀城市圈的概念是在 20 世纪 80 年代中期提出来的。它位于华北、东北和华东三大区的接合部，地理位置优越。同时，它还是中国内陆地区以及向外连接东北亚和欧洲的重要枢纽，区位优势明显。

在空间发展规划方面，1999—2001 年，由北京市规划委员会、天津市规划和国土资源局、河北省建设厅、中国科学院、清华大学等单位牵头组织的"京津冀北（大北京地区）城乡空间发展规划研究项目"，确定将北京建设成"世界城市"，并在圈内形成"一体两翼"的城市空间布局。具体来说，就是以京津双核城市为轴心，在其两侧分别分布了两个中等城市，该轴以西以南为保定和石家庄，以东为唐山和秦皇岛，四个中等城市分别由京石铁路和京秦铁路连接在一起，加上这些城市的近距离腹地，形成一个展翅飞翔的鸟的双翼形状，"鸟"的两翼的外缘顺次经过石家庄—灵寿—定州—唐县—顺平—满城—易县—涞水—门头沟—怀柔—密云—遵化—迁安—山海关—秦皇岛—碣石山—滦县—唐山—宝坻—香河—塘沽—大港—永清—霸州—雄州—高阳—博野—安国—无极，囊括了靠近京石和京秦铁路的经济相对发达的县级行政区。"鸟"的主体部分由京津构成，两个直辖市成为"一体两翼"城市群发展模式中的主体，两翼的城市接受来自京津的经济辐射，同时与京津之间进行资源交流。"鸟"的两翼的丰厚程度与京津的经济辐射强度有直接关系，离京津越远的地区"鸟翼"相对越薄。[①] 这为京津冀城市群以后的发展奠定了规划思想和理论基础。（见图 5.9）

在产业布局方面，由于缺乏稳定的利益协调机制，京津冀经济圈内的产业同构化现象严重。这种同构化现象具体表现在

---

① 孟祥林."一体两翼"的京津冀城市群发展模式分析 [J]. 京津冀经济瞭望，2010 (5)：67.

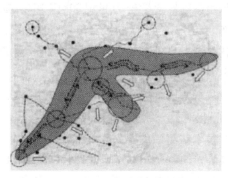

图 5.9　"一体两翼"的京津冀城市布局

两个方面：一是北京和天津的产业相似。北京与天津的主导产业都分布在电子通信设备制造业、黑色金属冶炼及交通运输设备制造业、电器机械与器材制造业、石油加工及炼焦业、化学制品业等领域。产业的同构化破坏了双边经济关系，制约了京津两市特别是天津市的发展。二是河北省内部各城市的产业相同。据统计，在承德、秦皇岛、唐山、张家口、廊坊、保定、沧州、衡水、邢台、邯郸、石家庄 11 个城市的核心区，作为支柱产业的选择率，化工 72.7%、机械 54.5%、建材 63.6%、冶金 45.5%、电子 36.4%、机电和纺织均为 27.3%。产业结构趋同不仅使城市的产业特色难以得到有效体现，而且在产业发展边缘化趋势上有不断加强的影响。① 京津冀都市圈区域规划明确了京津冀三地的产业发展定位：北京重点发展第三产业，以交通运输及邮电通信业、金融保险业、房地产业和批发零售及餐饮业为主。同时，北京发挥大学、科研机构、人才密集的优势，与高新技术产业园区、大型企业结合，积极发展高新产业，以

---

① 赵国岭．京津冀区域经济合作问题研究 [M]．北京：中国经济出版社，2006：59-62．

发展高端服务业为主，逐步转移低端制造业。天津在现有加工制造业优势与港口优势的基础上，定位为大力发展电子信息、汽车、生物技术与现代医药、装备制造、新能源及环保设备等先进制造业；发展现代物流、现代商贸、金融保险、中介服务等现代服务业；适当发展大运量的临港重化工业。河北8市定位为原材料重化工业基地、现代化农业基地和重要的旅游休闲度假区域，也是京津高技术产业和先进制造业研发转化及加工配套基地。此外，该区域在第一产业中着重发展农业和牧业，成为京津的"米袋子"和"菜篮子"。上述产业定位为京津冀的经济一体化发展提供了政策指导。

综上，京津冀城市经济圈在城市空间布局和产业结构调整方面的举措，以及河北省依托京津地区发展的强烈意愿，加之以北京为中心的辐射网的初步形成，我们有理由相信，京津冀都市圈将会迎来新一轮的大发展。

5.3 国内外城市圈经济一体化的启示

总体而言，国内、国外城市圈的发展都不是一蹴而就的，每一个城市圈的发展都经历了由小到大、由弱到强的过程，但关联城市抱团发展的一体化趋势是不可逆转的。由于城市圈的历史背景、区域环境各不相同，所以必然在发展中存在诸多差异。下面通过梳理这些城市圈的改革思路和发展路径，总结出以下几个方面的启示和经验，以期为武汉城市圈经济一体化的发展提供参考。

5.3.1 政府规划是实现城市圈经济一体化的先决条件

上述城市圈的发展都经历了形成、发展和成熟三个阶段，而与这三个阶段相伴随的是政府和相关组织对都市圈的规划。每一次规划都是在总结上一次经验教训的基础上提出新的发展方向和目标，特别是国外某些城市圈的一体化更是历经了百年的规划设计才形成的。对城市圈经济一体化规划的制定和实施，无论是依靠民间机构（如纽约都市圈的纽约区域规划协会），还是专门机构（如伦敦都市圈的大伦敦管理局）或政府机构（如国内的国务院和发改委），都具有组织权威性，并通过不同的形式和作用引导圈内经济整合的顺利实施。

　　市场是推动城市圈实现经济一体化的基础条件，但规则不一、产业同构等问题单靠市场调控很难解决，还需要政府介入。日本东京都市圈就是在政府政策的指导下推行"展都型首都机能再配置"。在这种扩展和整合机制下不仅提升了大都市圈自身的实力，还促进了圈内不同城市之间的分工与合作，实现了都市圈内产业的合理布局和结构的优化配置。我国目前的市场机制还不完善，若单独依靠市场机制去整合城市圈的经济功能，需要漫长的时间，将严重影响经济的发展，所以需要政府采取相应的对策，克服城市圈发展中的弊端，解决城市圈发展中的各种矛盾。珠三角的迅速发展就是政策大力支持的结果，这个外生动力对区域发展最大的作用就是为发展经济保驾护航，为城市发展锦上添花。

　　通过比较国内外城市圈的政策规划，可以看出西方发达国家的政府管理职能较为有限，相当一部分事务转由社会中介组织和公共服务团体来承担，政府更多的是充当城市公共物品的提供者和调节者，而非社会经济的主导者，这样能够更好地激发圈内各城市的发展积极性。笔者认为，构建有限职能政府是我国政府职能转化的趋势，政府应当作为城市发展的方向标，经济增长、社会安定的稳压器，城市变革的助推机，风险预测的报警员，提供公共产品的服务员，在顺应市场的形势下发挥引领和控制作用，为城市圈的发展提供政策保障。

5.3.2　基础设施是实现城市圈经济一体化的基本条件

　　城市圈发展的基础是优越的地理和交通条件。由于圈内经济活动强度大，人员和物资流动频率高，对于交通运输、城市建设等基础设施都有较高的要求。随着一体化的深入发展，区域之间经济的融合趋势不断加强，区域网络化趋势越来越明显，所发挥的效用也越来越大。而基础设施作为区域经济发展的载体，是区域一体化的一个重要内容。一个成熟的都市圈，必须有高度发达并且相互协调的基础设施网络，通过发达的铁路、公路、水运将各城市联系在一起，还通过现代化的国际海港、航空港、通信网络与世界其他地区相联系。

　　纽约、伦敦、东京、巴黎、长三角、珠三角、京津冀城市圈都是依托平原或利用港口，结合城市轨道交通、公路、铁路、航空，形成一套立体交叉的基础设施网络系统而得以发展的。如纽约都市圈内有纽约港、费城港、巴尔的摩港和波士顿港等；巴黎市内水、陆、空交通发达，地铁与公交网覆盖全部市区。长三角作为中国的核心区域，是中国基础设施最完善的地区，已形成由众多内陆口岸和一些国际知名港口所组成的港口运输体系，聚集了南京、常州、苏州等国内主要内河港口，以及上海港、宁波港这些世界知名港口，并形成以上海浦东、虹桥国际机场为核心，以南京和杭州机场为次中心的航空运输体系。伴随高铁时代的到来，江浙沪三地也已具备较完善的交通网络体系。这些毋庸置疑都是城市圈发展的基本条件，为圈内城市的发展提供着硬件支持。

5.3.3　产业优化是实现城市圈经济一体化的必要条件

　　从市场经济的发展规律来看，在日益发达的城市经济圈内，现代工业都是依托城市而展开的，城市空间是工业发展的载体，产业链是城市圈经济和城市经济发展的纽带。要解决人口膨胀、城市扩张、就业困难等问题，就离不开产业结构的优化配置和产业链的形成。在充分发挥市场机制作用的前提下，对产业和产业链的准确定位是不断进行产业结构优化配置、实现经济整合的必要条件。

纽约都市圈在城市功能定位上，各次级中心城市与纽约形成了各具特色的发展格局。伦敦的产业定位历经长时间的优化变革，从工业基地到国际金融中心，再到世界创意之都，把伦敦推到了世界经济转型和新兴产业发展的最前沿，极大促进了都市圈建设。京津冀城市圈力争通过合理规划，积极改变城市圈内产业严重同构化现象，优化配置。

总之，任何产业都有自身的产业空间载体，而产业结构的升级则离不开产业空间载体的变换和配置，都市圈的发展过程就是产业结构优化的过程。在城市圈发展过程中，中心城市和周边城市都会面临产业结构升级的问题。解决好产业优化问题是实现城市圈经济整合的必要条件。

5.3.4 自主创新是实现城市圈经济一体化的根本动力

创新是城市实现可持续发展和国家兴旺发达的不竭动力。纽约、伦敦、东京、巴黎四城市圈经济一体化发展的最终目的就是实现整个大都市圈的一体化可持续发展。要实现大都市圈的可持续发展，除了充分考虑资源环境保护、生态环境建设以外，还需要能真正推动大都市圈发展的动力——创新，尤其是自主创新和技术创新。

国内外城市圈都注重以市场为纽带来培育整个城市圈的创新能力。东京都市圈的城市规划中，将集中在东京的首都功能的一部分分散到其周围地区，这种大胆创新的城市职能分配对东京都市圈的发展起到了一定的促进作用。巴黎除了在产业结构方面进行自我调整外，还强调城市扩展和空间重组，同时加强保护自然环境，要求城市建设和自然环境协调发展。这在可持续发展观念还没有像今天这样被人们重视和形成完整理论的时期，确属前瞻性很强的创新政策。珠三角在未来几年的规划中也提出坚持高端发展的战略取向，建设自主创新高地，打造世界先进的制造产业基地，培育具有国际竞争力的世界级企业和品牌，发展与香港国际金融中心相配套的现代服务业体系，建设与港澳地区错位发展的国际航运、物流、贸易、会展、旅游和创新中心。

可见，城市圈的发展离不开城市圈自身能力的提高，创新就是经济一体化的动力源泉。

5.3.5　实现城市圈经济一体化需三大机制共同作用

城市圈的发展需要三大机制联合起来，相互促进，"互通有无"。比如，纽约都市圈的发展除了完善的市场机制和完备的政府机制发挥作用以外，还有很重要的一个因素就是民间中介组织——纽约区域规划协会（RPA），它在纽约都市圈的三次区域规划中发挥了很大的作用。这充分说明了以中介组织为代表的民间组织机制在促进区域整体发展、协调不同行政区域的利益方面作用显著。

此外，伦敦都市圈、东京都市圈和巴黎都市圈的发展也都说明了政府机制在城市圈发展中具有不可或缺的作用。即便有了完善的市场，若政府决策和规划有悖经济发展规律，也势必会阻碍城市圈经济一体化的进程。伦敦政府通过法律手段，比如颁布《新城法》《绿带法》等，不仅明确了伦敦规划的方向，还促进了大都市圈的形成。日本由国土厅大都市圈整备局对都市圈进行统一规划，并与地方政府通过"七都县首脑会议"的形式共商决策。巴黎的都市圈规划也经历了六次波折，前三次明显不适应经济发展的趋势，后来几经修正，政府机制才发挥了作用。所以，城市圈规划必须在市场机制的指引下方可顺应发展趋势，同时还需要社会组织的参与和监督。

国内三大城市圈的发展早期更多的是政府机制在起作用，依靠制度红利在改革开放后得到了大发展。随着市场机制的建立，三大城市圈特别是长三角和珠三角的发展更为迅速。接着，行业协会等民间组织机制介入，如长三角地区每年组织"长三角民间组织交流论坛"，研究解决长三角区域合作中需要民间组织协调的重大问题。这种民间组织机制的参与，加速推进了国内三大城市圈经济一体化的发展。可见，市场、政府、民间组织三大机制必须结合在一起共同发挥作用，才能促进城市圈的发展。

6 武汉城市圈经济一体化的现状与机制分析

6.1 武汉城市圈概念的提出

武汉城市圈,是指以武汉为中心城市,由武汉及周边若干个城市组成的经济联合体,主要包括武汉以及在其100公里半径内的黄石、鄂州、孝感、黄冈、咸宁、仙桃、潜江、天门8个城市组成的城市圈(如图6.1所示)。

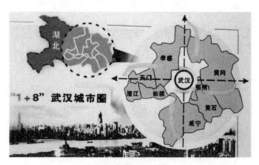

图 6.1　武汉城市圈主要城市示意图

武汉城市圈大致经历了以下三个阶段的发展演化过程:

第一阶段：近代至新中国成立以前，城市相对独立发展，区位条件对城镇分布的影响较为显著。在这一时期，由于交通不发达，城市之间的关联度比较低，自然条件对各城市之间经济联系的影响较大。城市圈内武汉、黄冈、孝感等城市由于具有良好的区位条件，发展为圈内重要的城市。

第二阶段：新中国成立以后，计划经济下的行政区划调整与重大项目建设，奠定了武汉城市圈城镇格局的基础。武汉城市圈内的行政区划经过了历次调整，武汉、黄冈、孝感、咸宁等行政区域不断变化。新中国成立初期的重大项目建设为城市圈内诸多城市的发展奠定了空间框架基础，逐渐形成了关山、武钢等大型工业区。与此同时，安陆、潜江等城市也建设了农业机械厂、江汉油田等三线企业，夯实了这些城市的工业基础。

第三阶段：改革开放以后，城镇发展呈现出新的特点。经济建设资金的注入，使得交通设施、城市的发展水平较之以往有很大的进步。招商引资等手段吸引的各种资金的进入，使武汉城市圈迎来了新的发展契机。其间进行了数次行政区划调整，城镇发展格局与过去相比有了较大的变化。特别是进入 21 世纪以后，在全球经济一体化的背景下，"武汉城市圈"从正式命名到上升至战略层面已经走过十余载光阴。

从直接转化为决策的角度讲，"武汉城市圈"的最初动议来自湖北省社会科学院。在《关于发展大武汉集团城市的建议》（陈文科，2001）、《发展大武汉集团城市的构想》（陈文科，2001）、《谈大武汉集团城市发展方略》（秦尊文，2001）等文章中提出，集团城市的内聚力表现为具有吸纳大量人力、物力和财力的能力。在城市圈的发展演化中，凝结了较大地区范围内的文化、科技、教育力量，强化了城市圈的内聚力。城市圈能够克服各个城市在资源方面的不足，在更大的区域范围内调整资源配置，实现圈内城市的共同成长。城市圈的形成过程实际上也是各城市之间关系越来越密切的过程。发达的交通条件使生产要素和产品流动加速，从而使城市圈内各城市能够摆脱自身资源的局限和市场不足的弊端而得到更好发展。一个内部经济发展协调的城市圈可以使地理区位、生产要素和产业结构不同的各等级的城市承担不同的经济功能，在区域范围内实现单个城市无法达到的规模经济和集体效益。国内外的经验表明，以大都市为核心和主要增长极的城市群或城市圈，对整体经济的带动作用越来越明显。如我国发达地区已经或正在形成的珠江三角洲、长江三角洲和京津冀三大城市圈。因此，实力相对较弱的武汉及周边城市更应该"抱团发展"。上述文章不仅论述了建设"大武汉集团城市"的必要性，还分析了其建设途径、发展方略，具有较强的指导性和可操作性，受到了相关部门的高度重视。

随后，湖北省社科院和武汉市委、市社科院、市委研究室、市委宣传部、市经协办等单位的专家组成"武汉及周边城市群研究课题组"，研究建立武汉城市群的可行性问题。由武汉市委、市政府牵头召开武汉及周边八城市领导座谈会，商讨武汉城市群发展的战略构想和发展思路，将该城市群定名为"武汉城市圈"，并达成以下共识：一是充分认识加快武汉城市圈建设的重大意义；二是确立武汉城市圈发展的目标与思路；三是加强统一规划，推进基础设施建设一体化；四是集聚产业群，推进产业布局一体化；五是加快共同市场建设，推进城市圈区域市场一体化；六是统筹城乡发展，推进城市建设一体化；七是体制创新，加强政府协调。

根据 2004 年武汉城市圈建设的总体要求，武汉城市圈总体规划明确提出要做到产业布局、基础设施建设、城乡发展、市场建设和生态环境保护的"五个一体化"，并通过整合、协调，建设区域创新体系、水土资源空间保障体系等，规划期限为

2007—2020 年。

2006 年 4 月出台的《中共中央国务院关于促进中部地区崛起的若干意见》中将武汉城市圈列为四个重点发展的城市群之首，这表明武汉城市圈的地位已经上升到国家决策层次。2007年 12 月，批准武汉城市圈为"全国资源节约型和环境友好型社会建设综合配套改革试验区"，这表明武汉城市圈上升到了国家战略层面。2008 年 9 月，国务院下文批准了武汉城市圈综合配套改革试验总体方案，使之成为继天津滨海新区之后全国第十二个获批方案的试验区，也是第一个获批方案的城市群。

2010 年获批的《关于制定湖北省经济和社会发展第十二个五年规划的建议》，提出加快武汉城市圈"两型"社会综合配套改革试验区建设，即大力推进资源节约、环境保护、科技支撑、产业发展、城乡统筹、节约集约用地、财税金融、对内对外开放、行政管理等方面体制机制创新，形成"两型"社会建设体制机制；加快圈域基础设施建设、产业发展与布局、城镇化与城乡建设、区域市场、生态建设与环境保护的一体化进程，推动圈域基本公共服务均等化；充分发挥武汉市的龙头作用及科教人才优势，强化系统集成，增强耦合度，提升核心竞争力；明确各城市发展定位，优化产业布局，引导错位发展，构建优势互补、良性互动、特色突出、协调发展的新格局。武汉城市圈在"两型"社会建设方面走在了全国前列。

6.2 武汉城市圈经济一体化的条件分析

6.2.1 武汉城市圈内各城市的发展概况

武汉城市圈内各城市都有其发展的优势和特征。具体来说，圈内各城市的基本情况如下：

武汉——九省通衢。武汉市是湖北省省会，是中国经济地理的"心脏"，具有承东启西、贯通南北的作用。改革开放三十多年以来，武汉初步形成以光电子信息产业、轿车制造为重点的现代制造业、钢材制造及新材料产业、生物工程及新医药产业、环保产业等为基础的产业形态。

黄石——矿冶之城。黄石市位于湖北东南部，有完备的交通网络和完善的公共交通设施，距武汉市70公里，区位优势明显。市内矿产资源丰富，素有"百里黄金地，江南聚宝盆"之称。已发现的有色金属、非金属、能源和水气矿产共4大类64种，其中硅灰石质量居世界第二。

鄂州——冶金走廊。鄂州市位于湖北省东部，是长江中游南岸的一座新兴工业城市，有鄂东"冶金走廊""服装走廊""建材走廊"之称，已形成涵盖冶金、服装、食品、建材、医药、化工、机械、电子、轻工等门类齐全的工业体系，是湖北省重要的工业基地和鄂东的商品集散中心。

孝感——鱼米之乡。孝感市地处湖北东北部，是一个发展中的新兴的中等城市。其经济发展具备了良好的基础，已初步建成以"优质高产高效"为目标的六大农产品生产基地，是久负盛名的"鱼米之乡"。

黄冈——革命老区。黄冈市位于湖北省东部，是一座正在崛起的中等城市，是全省的商品粮、优质粮和水产品的重要产区。全市初步探明的金属、非金属矿藏有40多种，开采价值极高。

咸宁——桂花之乡。咸宁市地处华中腹地，通称"鄂南"。全市森林覆盖率达到48%，高于全国35个百分点，有楠竹之乡、芒麻之乡、茶叶之乡、桂花之乡的美誉。拥有丰富的矿产资源和土特产资源，其中煤炭储量近亿吨，年开采量在百万吨左右。

仙桃——江汉明珠。仙桃市位于江汉平原腹地，人称"鄂中宝地""江汉明珠"。其工业主导产业有纺织、机械、化工、制药、建材等，农业主产稻谷、小麦、棉花、蚕豆、油菜等，是国家重要的粮、棉、油、渔生产基地。

潜江——水乡园林。潜江市位于湖北中南部，地处江汉平原腹地，有襄岳公路、318 国道、宜黄高速通过。其石油资源丰富，中石化江汉油田分公司就设在此地。工业主导产业有建材、轻纺、化工、仪器等，农业主产小麦、稻谷、棉花、芝麻、油菜籽、黄豆等。

天门——内地侨乡。天门市地处鄂中腹地江汉平原，地理位置优越，上通荆沙，下接武汉，南濒江汉黄金水道，北枕三峡过境铁路。天门市旅居海外的华侨、华人及港澳同胞分布在世界五大洲 40 多个国家和地区，是中国内地的著名侨乡，湖北省的重点侨乡。其岩盐储量丰富，大量的无水芒硝和天然气等矿藏极富开采价值。

武汉城市圈内各城市的主导产业归纳见表 6.1 所示：

表 6.1　　　　　武汉城市圈各城市主导产业

城市	现阶段主导产业
武汉市	钢铁、机械、化工、光电、建材、纺织、食品、造纸
黄石市	冶金、建材、纺织、机械、化工、医药、轻工、食品
鄂州市	冶金、服装、食品
孝感市	机电、食品、建材、化工
黄冈市	建材、纺织、机械加工
咸宁市	轻纺、机械、建材、食品、运输
仙桃市	纺织、轻工、食品、医药化工、建材

表6.1(续)

城市	现阶段主导产业
潜江市	机械制造、轻纺、石油化工、盐化工及医药化工
天门市	农产品加工、食品、纺织

资料来源：湖北省统计局网站（http：//www.stats-hb.gov.cn/tjj/）。

我国城市圈发展呈现出东、中、西分层递进、多样发展的特征：一是东部沿海地区城市圈，以长江三角洲城市圈、珠江三角洲城市圈和京津冀城市圈为代表，属比较成熟的第一层次城市圈；二是中部地区城市圈，以武汉城市圈、中原城市圈和长株潭城市圈为代表，属发展中的第二层次城市圈；三是西部地区城市圈，以成渝盆地城市圈和关中城市圈为代表，与中部地区城市圈发展水平相差不大，但从整体水平和发展潜力看，为第三层次城市圈。[①] 从全国范围看，武汉城市圈同其地理位置一样处于居中地位，与长江三角洲等东部城市圈没有可比性，但与西部地区的城市圈相比，又具有一定的比较优势。

6.2.2　武汉城市圈一体化的优势条件

6.2.2.1　积极的宏观政策

长期以来，中部地区是我国重要的工业、农业和能源基地，更是全国重要的交通枢纽和物流中心。党的十八大报告继续强调"要大力促进中部地区崛起"。国家的中部崛起政策为中部地区的发展带来了重要的政策机遇。随着国家推动国民经济增长的重点由过去过分依赖出口转向扩大内需，使得居于内地中心的中部地区重新获得了市场优势。因为相对于国际市场，中部地区是边缘区，而相对于国内市场则是中心区，这就为广大中

---

① 江文晟. 城市圈建设中的产业政策探讨 [D]. 武汉：华中科技大学，2004：56-59.

部地区提供了重要的发展机遇。

党的十八大报告还提出："建设生态文明，是关系人民福祉、关乎民族未来的长远大计。面对资源约束趋紧、环境污染严重、生态系统退化的严峻形势，必须树立尊重自然、顺应自然、保护自然的生态文明理念，把生态文明建设放在突出地位，融入经济建设、政治建设、文化建设、社会建设各方面和全过程，努力建设美丽中国，实现中华民族永续发展。"① 生态文明要求从过分突出物质成果的增加、特别是 GDP 总量的增加，转向更加注重全面降低发展成本、减少发展代价，特别是降低资源消耗，减少生态环境成本。武汉城市圈相对于其他地区而言，正具备这样的优势和条件，并在全国最早提出要建设"生态城市圈"。获批"全国资源节约型和环境友好型社会建设综合配套改革实验区"，表明武汉城市圈走在了全国生态文明建设的最前列。因此，培育生态文明以及构建"两型"社会的宏观政策导向，对武汉城市圈的建设有着积极的促进作用。

6.2.2.2　优越的区位条件

从地形条件看，平原和丘陵区域（特别是平原地区）有利于城市的形成。据研究表明，坡度在 0.3%～4.5%，高度在 500 米以下的地形区是形成城市经济效益的最佳地区。国内外发展较快的城市圈都位于适宜人类居住的中纬度地带，并且都处于平原地带，这些地方便于耕作、居住和交通联络。武汉城市圈地势低平，地貌类型多样，平原（含岗地）占土地总面积的 50%、丘陵占 30%、山地（中低山）占 20%。北部和东北部有桐柏山和大别山脉，南部有幕阜山脉，中部为开阔的江汉平原和鄂东沿江平原。平原地区河渠纵横、湖泊星罗棋布，水体占

---

① 胡锦涛. 坚定不移沿着中国特色社会主义道路前进，为全面建成小康社会而奋斗 [N]. 人民日报，2012-11-08.

总面积的 9.6%，若再加上水库、坑塘等人工水体，其比重则高达 16%。平坦的地势，为武汉城市圈农业、工业和城镇的发展以及建设水乡田园特色生态城市圈，奠定了良好的地形地貌基础。

图 6.2 这一"弓箭图"形象地描绘了中国东中部经济发展格局。在图中，武汉城市圈正处于"箭"和"弓"交汇处，是"中国弓"的搭箭点和发力点。武汉城市圈地处中部经济腹地，将成为中国区域经济增长的重要引擎。

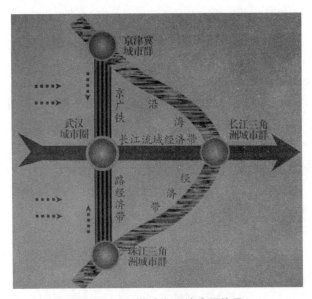

图 6.2　中国东中部经济发展格局

资料来源：《武汉城市圈总体规划（征求意见稿）》，2007。

武汉城市圈区位居中、通达性好，先天优势加上强大的水陆空交通网络造就了潜在的辐射功能。首先，连接全国南北经济大动脉的京九铁路、京广铁路贯通本区，东西方向的 106、318 等国道经过本区，与襄阳、宜昌、荆州、十堰等主要城市接壤，可作为其进一步发展的重要经济腹地；其次，凭借得天独厚的长江航运港口众多的便利条件，成为中国经济由沿海沿边向中西部地区过渡的重要战略节点，在全国的经济格局中起着承东启西、贯通南北的关键作用；再次，按照高速公路300公里半径的辐射区域标准，华中地区的长沙、郑州、南昌、合肥均在其辐射范围内；最后，它与珠三角城市圈、长三角城市圈以及北京、天津、成渝、西安等重要城市和地区相距均在1 000公里左右，可与这些全国主要经济区联动发展。[①] 同时，国家"八纵八横"光缆干线五条汇合于武汉，武汉城市圈的立体化交通、通信体系初步形成，这为武汉城市圈资金流、人才流、物流和信息流的交换搭建了一个平台。

6.2.2.3 丰富的自然资源

武汉城市圈被长江、汉水包围，水资源优势突出，雨水充沛，河网密布，可开发水能资源2308.1万千瓦，居全国大中城市之首，这为发展大耗水工业提供了保障。

武汉城市圈资源丰富，这是保证产业蓬勃发展的有利条件。其中，武汉冶金辅料和建筑材料储量丰富，拥有全国最大的熔剂石灰岩、白石岩、石英岩基地。黄石、鄂州、武汉均是湖北省内的矿产富区，蕴藏有大量的黑色金属和有色金属，冶炼的特种钢材在全国占有重要地位。武钢、鄂钢和大冶钢铁厂效益佳，形成了以武钢为首的全省钢材生产加工出口基地。孝感石膏储量0.249亿吨，其中纤维石膏0.88亿吨，居亚洲首位，磷、岩盐、重晶石、云母石、稀土等储量丰富。鄂州、黄石、咸宁拥有楠竹、茶叶等特色农业资源。黄冈的蚕桑、茶叶、板栗、中药材等特色农业资源丰富。仙桃、潜江、天门地处富饶的江

---

① 湖北省财政厅课题组. 财政支持武汉城市圈建设研究 [J]. 经济参考研究，2003（68）：2-3.

汉平原，粮食、蔬菜、油料、水产产业发达，并有较丰富的石油储量。这些无疑都是武汉城市圈发展中不可多得的资源优势。

圈内旅游资源丰富，有东湖、黄鹤楼、九宫山、赤壁古战场、东坡赤壁等人文与自然旅游资源和景点，这为武汉城市圈发展旅游产业，吸引投资提供了重要保证。

6.2.2.4 优秀的智力资源

"惟楚有才。"武汉城市圈内有近百所高等院校，集中了全省近 90% 的高校和职业技术学院。国家在鄂重点实验室和院士汇集武汉。武汉拥有高等院校 82 所，高校数量全国第二，一本高校 10 所，二本高校 12 所，三本高校 23 所，高职院校 30 所，另有军事院校 7 所。其中，有"985 工程"建设大学 2 所，"985 工程"优势学科创新平台建设大学 4 所，"211 工程"建设大学 7 所；培养研究生的高校 18 所，有博士学位授予权的高校 16 所。在校大学生规模居全国首位，达 104 万人。

武汉城市圈还拥有众多科研院所，科教实力位居全国第三。圈内有各种专业技术人才，是全省人才培养和经济发展的智囊团。其优越的智力资源有利于吸引海内外知名企业投资落户，从而促进圈域经济发展。武汉市在激光、光机电一体化产业、生物医药工程、电动汽车、制造业信息化工程、卫星定位系统等方面的研发水平在全国名列前茅。这些无疑是武汉人才智力优势的表现，也反映了武汉城市圈在此方面的巨大潜力。[①]

6.2.2.5 较强的经济关联

著名地理学家塔费（E. J. Taffy）认为："经济联系强度同它们的人口乘积成正比，同它们之间的距离平方成反比。"经济联系强度定量测定公式为：

---

① 李鹃文，姚华松. 全球化背景下武汉城市圈经济发展的思考［J］. 世界地理研究，2004（12）：27-28.

$$R_{ij} = \frac{\sqrt{P_i V_i} \times \sqrt{P_j V_j}}{D_{ij}^2} \qquad \text{(公式4)}$$

式中，R_{ij} 为城市 i 与城市 j 之间的经济联系强度，P_i、P_j 为某年 i 市和 j 市的人口数，V_i、V_j 为某年 i 市和 j 市的国内生产总值，D_{ij} 为 i 市和 j 市之间的交通距离。

另外一个参考指标是经济联系隶属度 F_{ij}，是指两城市经济联系强度占区域经济联系强度总和的比例。

其计算公式为：

$$F_{ij} = \frac{R_{ij}}{\sum_{j=1}^{n} R_{ij}} \times 100\% \qquad \text{(公式5)}$$

根据 2011 年武汉市和圈内其他城市的距离、年末人口数和地区生产总值，用公式 4、公式 5，可以计算出武汉作为城市圈中心城市与周边城市的联系强度、周边城市对其经济联系隶属度（见表 6.2）。

表 6.2　2011 年圈内城市与武汉的经济联系强度和经济联系隶属度

指标 城市	年末 人口数 （万人）	地区生产 总值 （亿元）	与武汉市的 交通距离 （公里）	与武汉市的 经济联系 强度	与武汉市的 经济联系 隶属度 （%）
武汉	978.54	6756.20	—	—	—
黄石	242.93	926.96	96	132.395	12.511 1
鄂州	104.87	490.89	66	133.928	12.656
孝感	481.45	958.16	80	272.870	25.786
黄冈	616.21	1045.11	85	285.593	26.99
咸宁	246.26	652.10	86	139.315	13.165
仙桃	117.51	378.50	103	51.114	4.83
潜江	94.63	378.20	154	20.511	1.938

表6.2(续)

指标 城市	年末 人口数 (万人)	地区生产 总值 (亿元)	与武汉市的 交通距离 (公里)	与武汉市的 经济联系 强度	与武汉市的 经济联系 隶属度 (%)
天门	141.89	273.00	150	22.491	2.125

注：本表所用交通距离数据来自武昌宏基长途汽车站，经济联系强度和隶
　　属度均由计算所得。

数据来源：湖北统计年鉴（2011）[M]. 北京：中国统计出版社，2012.

总体来看，圈内城市与中心城市武汉市存在较强的经济隶属度。经济联系强度和经济联系隶属度都随着与武汉市空间距离的增大而减小，呈现出明显的距离衰减规律。

仙桃、潜江、天门三市与武汉距离较远，受到集聚和扩散效应的影响都较小。孝感、黄冈与武汉的经济联系强度和经济联系隶属度都较大，但它们的总体发展水平却落后于黄石、鄂州。这从一个侧面反映了中心城市武汉目前对周边城市的集聚功能要远大于其扩散功能，还没有发挥像长三角、珠三角等城市圈中心城市对周边城市的明显辐射作用。

因此，要加快核心城市的发展，增强武汉的综合实力，加快道路交通建设，更好地发挥中心城市的集聚与扩散功能，促进城市圈整体实力的提升。

6.3　武汉城市圈经济一体化的现状评价

武汉城市圈内各城市资源禀赋的差异和空间的紧邻，为城市间的协调发展和资源的合理利用奠定了良好的基础。湖北全省辖12个地级市、1个自治州（共计13个地级单位），38个市辖区、

24 个县级市、37 个县、2 个自治县、1 个林区（共计 102 个县级单位）。表 6.3 是圈内各城市 2011 年经济发展的各项指标，本章将随后对相关指标进行分区域的比较分析。从城市圈内各城市主要指标所占的比重图（见图 6.3）中可以看出，2011 年武汉城市圈以占全省 32.52% 的面积，承载了全省 48.97% 的人口，贡献了全省 76.73% 的 GDP、57.44% 的全社会固定资产投资和 74.38% 的财政收入。加速武汉城市圈经济一体化的建设，对带动整个湖北经济乃至中部经济的发展，形成一种高效的城市圈一体化模式有重要意义。推进武汉城市圈建设，既是湖北加快经济发展、形成省内区域发展战略格局的重要一环，也是把湖北建设成为促进中部崛起的重要战略支点和主要着力点。

表 6.3　　　　　　2011 年武汉城市圈各城市及
湖北省经济发展基本情况

指标 城市	土地面积 （平方公里）	年末 总人口数 （万人）	地区 生产总值 （亿元）	人均 生产总值 （美元）	第一产业 比重（%）	第二产业 比重（%）	第三产业 比重（%）	固定资产 投资总额 （亿元）	地方财政 预算内收入 （亿元）
武汉市	8 494	978.54	6 756.20	11 083.5	0.98	45.95	53.07	4 255.16	814.04
黄石市	4 630	242.93	926.96	6 125.4	0.94	54.64	44.41	597.45	53.84
鄂州市	1 504	104.87	490.89	7 514.3	15.34	51.89	32.77	336.8	41.3
孝感市	11 600	481.45	958.16	2 194.8	14.03	45.46	40.51	491.41	51.6
黄冈市	17 400	616.21	1 045.11	2 722.6	10.15	47.05	42.8	823.81	51.9
咸宁市	9 661	246.26	652.10	4 250.8	12.99	52.07	34.95	404.2	51.5
仙桃市	2 538	117.51	378.50	5 170.6	14.43	46.26	39.31	185.1	13.1
潜江市	2003	94.63	378.20	6 415.7	20.93	45.21	33.86	177.7	9.82
天门市	2 622	141.89	273.00	3 088.6	10.42	46.01	43.57	156.1	6.74
城市圈合计	60 452	3 024.29	11 859.12	6 294.8	9.9	46.5	43.6	7 427.73	1 093.8
湖北省	185 897	6 176	15 456	4 017.4	13.1	50.1	36.8	12 931.75	1 470.5
占全省比重（%）	32.52%	48.97%	76.73%	—	—	—	—	57.44%	74.38%

注：①年末总人口是按户籍人口计算。②各比重是在原始数据的基础上计算而得。③人均 GDP 按当年汇率人民币对美元 7.34∶1 折算而得。

数据来源：湖北统计年鉴（2011）［M］.北京：中国统计出版社，2012；根据中国统计信息网《2011 年国民经济和社会发展统计公报》整理所得。

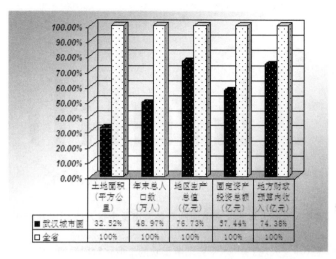

	土地面积 （平方公 里）	年末总人 口数 （万人）	地区生产 总值 （亿元）	固定资产 投资总额 （亿元）	地方财政 预算内收 入（亿元）
■ 武汉城市圈	32.52%	48.97%	76.73%	57.44%	74.38%
□ 全省	100%	100%	100%	100%	100%

图 6.3　2011 年武汉城市圈主要指标占湖北省的比重

人均 GDP 即人均国内生产总值，是指在一定时期内（一个季度或一年），一个国家或地区按人口平均的产出水平。它不但可以反映一个国家或地区的经济表现，还可以反映一国或地区的实力与财富，被公认为衡量国家或地区经济状况的最佳指标。

图 6.4 为武汉城市圈内各城市和全省的人均 GDP 比较图。可见，武汉城市圈内部经济发展很不平衡。

人均 GDP 常用来衡量一个国家或地区的工业化水平。根据国际经验，人均 GDP 越高，工业化水平也越高。

钱纳里等人按人均 GDP 水平将所研究国家的工业化发展过程分为四个不同的阶段。该划分方法被人们称为钱纳里的一般标准工业化模型（见表 6.4）。不同的阶段，由于美元币值的变动，其所反映的美元数额是有差别的。

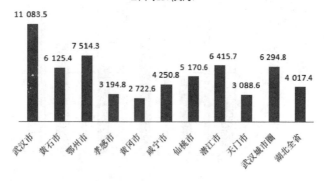

■ 人均GDP(美元）

图 6.4　2011 年武汉城市圈圈内各城市及全省人均 GDP 比较图

表 6.4　人均 GDP 水平变动所反映的工业化阶段模型

时间	1964 年（美元）	1970 年（美元）	1982 年（美元）	1996 年（美元）	1998 年 a（美元）/ 1998 年 b（美元）
第一阶段	200~400	280~560	728~1456	1240~2480	1200~2400/3010~5350
第二阶段	400~800	560~1120	1456~2912	2480~4960	2400~4800/5350~8590
第三阶段	800~1500	1120~2100	2912~5460	4960~9300	4800~9000/8590~11 530
第四阶段	1500~2400	2100~3360	5460~8736	9300~14 880	9000~16 600/11 530~16 850

注：①1998 年平均汇率人民币对美元 8.27∶1，2013 年平均汇率人民币对美元 6.28∶1，只考虑汇率变化，修正工业化阶段模型中四个阶段范围依次为：1 580~3 160，3 160~6 421，6 421~11 853，11 853~21 862（单位：美元）。

②1998 年 a（美元）按汇率测算，1998 年 b（美元）按购买力平价测算，均由国务院发展研究中心社会发展部计算所得。

武汉城市圈内部经济发展很不平衡，考虑 1998—2013 年的美元汇率变动，按照工业化阶段划分标准，其工业化发展大体可分为三个层次：

——黄冈、天门处于工业化发展第一阶段

黄冈为市带县的农业大市、天门为粮棉大市，工业基础较薄弱。2011 年，两市人均地区生产总值分别为 2 722.6 美元和

3 088.6美元，分别相当于武汉城市圈人均 GDP 的 43.25%、49.07%，尚处于工业化发展的第一阶段。

——黄石、孝感、咸宁、仙桃、潜江处于工业化发展第二阶段

黄石、孝感、咸宁是武汉城市圈中工业基础较好，且近年来工业发展较快的三个城市，仙桃的主导产业有纺织、机械、化工、制药等，潜江由于辖区内江汉油田的产值贡献发展也较快。2011 年黄石、孝感、咸宁、仙桃、潜江五市的人均 GDP 分别为 6 125.4美元、3194.8 美元、4250.8 美元、5170.6 美元和 6 415.7美元，在 3 160~6 421 美元之间，处于工业化发展的第二阶段。

——武汉、鄂州处于工业化发展第三阶段

2011 年，武汉市作为城市圈的中心和龙头城市，人均 GDP 达11 083.5美元，居各市之首，相当于城市圈人均 GDP（6 294.8美元）的 1.76 倍；若与武汉城市圈的第九名黄冈（2 722.6美元）比较，则是它的 4.07 倍。鄂州市作为全省的"冶金走廊"，是省内重要的工业基地和鄂东的商品集散中心，人均 GDP 也高达 7 514.3 美元，刚刚步入工业化发展的第三阶段。

6.3.1 基础设施一体化现状分析

2002 年实施武汉城市圈战略后，相关专家和领导经过调研发现武汉和周边八市之间的公路不畅通，于是提出了以交通基础设施为先导，积极推进基础设施建设一体化的思路。2004 年编制的《武汉城市圈总体规划》中，提出按照"完善七通道、构筑三圈、打造六枢纽、建设一系统"的思路，构建一体化的武汉城市圈综合交通体系。

"完善七通道"：武汉至河南郑州方向的综合运输通道、武

汉至安徽合肥方向的综合运输通道、武汉至江西南昌方向的综合运输通道、武汉至湖南长沙方向的综合运输通道、武汉至川渝方向的综合运输通道、武汉至陕西西安方向的综合运输通道，以及京九广综合运输大通道。

"构筑三圈"：一是构筑武汉主城区核心交通圈；二是构筑连接武汉市新城的紧密交通圈；三是构筑连接城市圈内其他八城市的辐射交通圈。

"打造六枢纽"：一是将武汉建成全国性综合交通枢纽；二是将黄石、鄂州、黄冈建成组合型区域性综合交通枢纽；三是将仙桃、潜江、天门建成组合型区域性综合交通枢纽；四是将咸宁建成地区性综合交通枢纽；五是将孝感建成地区性综合交通枢纽；六是将麻城建成地区性综合交通枢纽。

"建设一系统"：构建城市圈综合交通信息系统，包括交通数据信息管理系统、交通电子政务系统、交通信息服务平台、客货运电子服务平台、安全信息服务和协调运作的交通监控及应急调度指挥系统等。

目前，"完善七通道、构筑三圈、打造六枢纽、建设一系统"正在顺利推进中，特别是武汉市连接城市圈内其他八城市的出口高速公路已经全部建成。截至 2012 年，武汉城市圈公路通车总里程达到 65 406 公里，占全省的 35.98%，其中等级公路 63 710 公里，高速公路 1 696 公里。至此，武汉城市圈区域内路网密度达到 105.39 公里/100 平方公里，高速公路网密度达到 2.81 公里/100 平方公里。

据预测，到 2030 年，武汉城市圈社会城际客流量将达到 7.5 亿人次，日均 234 万人次。单纯依靠公路运输难以满足快速增长的人流、物流需求，所以在铁路建设方面，要加快优化铁路网络布局，形成比较完善的铁路运输网络。目前，已建成武汉至咸宁、武汉至黄冈两条城际铁路，武汉至孝感、武汉至黄冈城际铁路也在建设中，四条线路总长 270.94 公里。在水运方面，武汉城市圈正在进一步改善长江、汉江等骨干河道的通航条件，并加快了武钢码头三期工程，黄石港外贸码头、五丈岗二期工程等港口的建设。在堤防建设方面，长江、汉江防洪堤坝得到加固，长江干堤和汉江遥堤达到长江流域规划的标准，达标堤防长度 1 636.6 公里，武汉、黄石两个国家重点防洪城市初步建成了防洪保护圈，武汉城市圈所在城市防洪堤长度达 888.6 公里，其中防洪能力一百年一遇的达 103 公里，五十年一遇的达 111 公里。在航运方面，完成了武汉天河机场扩建及配套工程，天河机场成为华中地区最大的国际航空港，拓展了航空运输，扩大了服务范围。

此外，信息基础设施建设和电网建设也在如火如荼地进行中。武汉城市圈电信网以建设一体化通信网为目标，将城市圈信息高速公路建设与建立"数字城市""网络城市圈"有机结合起来，分层推进。在全省"三纵三横两环"光缆干线的基础上，形成了网络型光缆干线传输网（信息高速公路网），建成了以武汉为中心，城市圈各城市信息网络互联互通的宽带骨干传输网络系统。在数字城市建设方面，以"数字武汉"为参照，大力发展接入网，建成了包含各类信息网络、融各种业务于一体的高性能综合信息网络平台，实现了互联互通和资源共享。同时，在鄂州和武汉完成了区号不变、通信资费统一的试点工作，为圈内其他城市实现资费统一积累了经验。在优化电网方面，黄石、孝感 500KV 变电站投入运行，与玉贤、凤凰山一起为武汉城市圈 500KV 环网建设打下了基础，220KV 变电站已达 42 座，电网供电能力和安全可靠性明显提高。现已初步形成了以大型发电厂为骨干，以 220KV 电网为主骨架，高、中、低压电网覆盖城乡的电力生产供应体系。

6.3.2　产业布局一体化现状分析

从产业的角度观察，武汉城市圈紧密层形成的过程也是产业空间集聚与扩散的过程。正是产业的集聚与扩散，才推动了城市圈紧密层的形成和扩展。武汉城市圈正处于产业结构转型升级和经济发展方式转变的关键时期，既面临产业集中在价值链低端、资源要素配置效率不高、整体竞争力不强等现实问题，也具备内生动力显著增强、自主发展能力明显提高的有利条件，同时也适逢消费结构加快升级、国内外产业和技术转移不断推进、世界新一轮技术和产业革命来临等历史性机遇。加快推进武汉城市圈产业布局一体化，既是圈内各城市优势互补、凝聚合力、增加创新优势，更好地参与竞争与合作的现实需要和必然选择，也能进一步发挥武汉城市圈对全省经济发展的先行示范和辐射带动作用。

6.3.2.1　三次产业结构比重分析

要分析产业布局，首先要分析三次产业的比重。从表6.3中的数据可以看出，圈内中心城市——武汉市的产业结构明显优于其他城市。武汉市在城市圈内有较强的区位功能，具有较大的聚集作用、增值作用和辐射作用；同时，强大的技术力量、完善的交通网络和信息网络、完备的基础设施、优越的协作条件、雄厚的资本和集中的消费市场，使得武汉市的工业结构和技术水平处于相对较高的层次，在空间发展和竞争中处于有利地位。

黄石市的产业结构次优于武汉市，但其第三产业所占比重仍偏低。其他七个城市的发展由于受到工业化和城市化滞后的制约，产业结构存在着工业对农业支持力度不够、带动作用不强的问题。武汉市和圈内其他城市产业结构的较大差异，会使得武汉市在自身的发展过程中对周边城市形成单向、不对称的资源、人才、资本的吸纳现象，在空间上表现出对周边地区的剥夺与支配，这会在一定程度上阻碍圈内其他城市的发展。

通过比较过去几年武汉城市圈的产业结构，我们可以看出武汉城市圈在加快推进圈内各城市产业结构调整和转变经济发展方式方面取得了不小的进步，经济结构日趋优化。2011年武汉城市圈三次产业的比重分别为9.9%、46.5%和43.6%。

由表6.5和图6.5可见，武汉城市圈第一产业的比重除个别年份（如2005年）略有反弹外，基本呈下降趋势。第二产业的比重在2004年以前一直保持平稳上升趋势，直到2005年随着产业结构的调整升级，其比重低于第三产业，随后保持稳中有升。第三产业在三次产业结构中的比重自2000年以来，总体保持波动上升趋势，仅2008年略有下滑。但总体来说，第三产业比重还需进一步提高，尤其是新兴服务业，包括金融、保险、信息咨询、法律服务、旅游服务，其发展滞后会影响中心城市对经济的组织协调和辐射作用的发挥，阻碍经济持续、快速、健康发展。

表6.5　　武汉城市圈主要年份的产业结构比例

年份 产业分类	2000	2001	2002	2003	2004	2005	2006	2007	2008	2011
第一产业（%）	14.6	13.45	12.73	12.28	12.28	12.39	12.13	12.07	10.9	9.9
第二产业（%）	44.67	45.14	45.29	45.77	46.45	43.22	44.31	44.11	45.5	46.5
第三产业（%）	40.73	41.41	41.98	41.95	41.27	44.29	43.56	43.82	43.6	43.6

数据来源：http：//192.168.30.168/index/dqbg/index.htm《中国地区经济发展报告》，数据按1990年不变价计算。

6.3.2.2　区位熵及产业优势分析

区位熵，又称专门化率，它可以说明在地域分工中某种产业或产品生产区域化的水平。通过产业或产品生产区域化的比较，显现出地域分工的基本格局。其计算公式为：

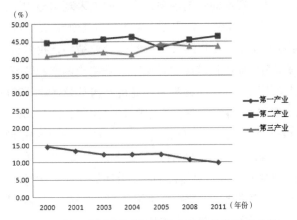

（%）

图6.5　武汉城市圈部分年份的产业结构比例变化图

$$LQ_{ij} = \cfrac{L_{ij} \Big/ \sum\limits_{i=1}^{n} L_{ij}}{\sum\limits_{j=1}^{m} L_{ij} \Big/ \sum\limits_{i=1}^{n} \sum\limits_{j=1}^{m} L_{ij}}$$　　　　（公式6）

式中，i 是第 i 个地区（i＝1，2，3…n），j 是第 j 个行业（j＝1，2，3…m），n 是区域内地区数，m 是区域内行业总数，L_{ij} 是第 i 个地区、第 j 个行业的产出，LQ_{ij} 是 i 地区 j 行业的区位熵。

　　LQ 值越大，专业化程度越高，比较优势越强。在考察确定主导产业时，一般只有区位熵大于 1 的部门才能构成该地区的基础部门，对当地经济发展起主导作用。$LQ_{ij} < 1$ 表示 j 产业在 i 地区属于劣势产业，表明该产业专业化程度较低，其规模具有比较弱势。LQ 值越小，比较弱势越明显。$LQ_{ij} ＝ 1$ 表示该产业为一般水平。

　　用表6.3中的统计数据，根据上述区位熵计算公式，对圈内各个城市与武汉城市圈的总体水平进行比较，计算出各城市三次产业区位熵（见表6.6）。

表 6.6　　　　各城市三次产业在城市圈中的区位熵

城市 各产业 LQ	武汉市	黄石市	鄂州市	孝感市	黄冈市	咸宁市	仙桃市	潜江市	天门市
第一产业 LQ	0.18	0.17	2.85	2.61	1.88	2.41	2.68	3.89	1.94
第二产业 LQ	0.97	1.16	1.10	0.96	1.00	1.10	0.98	0.96	0.97
第三产业 LQ	1.12	0.94	0.69	0.86	0.91	0.74	0.83	0.71	0.92

数据来源：《湖北统计年鉴（2012）》，经计算整理而得。

在城市圈中，武汉的第三产业区位熵为1.12，大于1，表明武汉的第三产业具有较为突出的比较优势，而其他八个城市第三产业的区位熵都小于1，不具有比较优势。同时，还可以看到，圈内大部分城市的优势产业大都集中在第一产业——农业上，其中有四个城市即黄石、鄂州、黄冈、咸宁在第二产业——工业上具有相对比较优势，但并不显著。

这表明武汉城市圈内各城市分工不明确，城市的职能特色不明，并在低水平上雷同。可见，武汉市目前还没有发挥"极核效应"，并未很好带动周边城市发展各自的比较优势产业，致使武汉城市圈只是区划意义上的城市圈。

6.3.2.3　产业同构性现状分析

具体到产业研究上，我们借助城市圈内各经济地域单元之间的产业相似度系数，来说明城市圈内各经济地域单元之间的产业结构是否趋同，由此判断市场机制所发挥作用的大小。

其计算公式为：

$$S_{ab} = \frac{\sum_{i=1}^{n} X_{ai} X_{bi}}{\sqrt{\sum_{i=1}^{n} X_{ai}^2 \sum_{i=1}^{n} X_{bi}^2}} \qquad (公式 7)$$

式中，a、b 分别为圈内两经济地域单元，S_{ab} 为圈内经济地域单元 a、b 之间的产业相似度系数（取值区间为 0 到 1），X_{ai} 和 X_{bi} 为产业 i 在 a、b 两经济地域单元产业结构中的比重。

城市圈内经济地域单元 a、b 之间的产业相似度系数 S_{ab} 越大，则表示两地的产业结构越相似；反之则越不相似。

由表 6.7 可以看出，武汉城市圈内各城市产业结构高度相似，经济互补性极弱。从 2011 年的情况来看，各经济地域单元之间的产业结构相似度系数均在 0.9 以上。产业结构的高度相似，必然导致各经济地域单元在产业发展中的重复建设和恶性竞争。具体来看，钢铁是武汉、黄石、鄂州、咸宁的共同优势产业，农业是黄冈、咸宁、仙桃、潜江和天门的共同优势产业，还有纺织服装、医药、建材、化工等都是多个城市共有的优势产业，产业同构现象较为严重。

表 6.7　　　　　2011 年武汉城市圈内各城市
产业结构相似度系数

	武汉市	黄石市	鄂州市	孝感市	黄冈市	咸宁市	仙桃市	潜江市	天门市
武汉市	1.000	0.985	0.970	0.969	0.983	0.948	0.965	0.921	0.984
黄石市	0.985	1.000	0.978	0.976	0.988	0.978	0.976	0.942	0.986
鄂州市	0.970	0.978	1.000	1.000	0.998	0.992	1.000	0.988	0.998
孝感市	0.969	0.976	1.000	1.000	0.998	0.991	1.000	0.988	0.998
黄冈市	0.983	0.988	0.998	0.998	1.000	0.989	0.997	0.977	1.000
咸宁市	0.948	0.978	0.992	0.991	0.989	1.000	0.993	0.987	0.986
仙桃市	0.965	0.976	1.000	1.000	0.997	0.993	1.000	0.991	0.996
潜江市	0.921	0.942	0.988	0.988	0.977	0.987	0.991	1.000	0.976
天门市	0.984	0.986	0.998	0.998	1.000	0.986	0.996	0.976	1.000

数据来源：《湖北统计年鉴（2012）》，经计算整理而得。

6.3.3 区域市场一体化现状分析

6.3.3.1 市场主体准入一体化

2008年6月《武汉城市圈市场主体准入一体化试行办法》出台，武汉城市圈的市场主体准入条件、准入程序、准入服务、准入监管得以统一。该办法中有许多新举措，如异地冠名、异地登记等。鄂州冠名"武汉"的企业最多，黄石、黄冈、孝感等地也有数十家企业获准冠名"武汉"。这突出了城市圈大区域概念，对于消除圈内城市之间的市场壁垒，搞活圈内经济，形成通畅而有活力的区域经济联合体具有重要意义。推行市场主体准入一体化，是武汉城市圈市场一体化改革中最为引人注目的突破性举动。

6.3.3.2 股权和资本市场一体化

2008年6月，湖北省工商行政管理局发布《关于印发〈武汉城市圈公司股权出资登记管理试行办法〉的通知》。其主要内容：一是使"虚拟资本"出资有了制度保障，明确了股权出资的定义。二是设置了股权出资五道槛：投资人用于出资的股权权属清晰、权能完整，且已足额缴纳；用于出资的股权应当由法定的评估机构评估作价；股权和其他非货币财产出资额之和不得高于被投资公司注册资本的70%；以股权出资，股权公司是有限责任公司的，应当经其他股东过半数同意，且其他股东同意放弃优先购买权；公司章程另有规定的从其规定；以股权出资的，应当经被投资公司全体股东一致同意作价。

此外，非上市股份公司办理股权出资登记和出质登记，必须已在武汉光谷联交所进行登记托管，以支持武汉光谷联交所开展股权登记托管和股权质押融资业务。目前，湖北省共有16万多家公司，股权理论价值约3600亿元，融资潜力巨大。若用10%的股权来出资，即可融得360亿元。这会促进资本自由流转，拓宽企业投融资渠道，为企业改组改制、重组、投资、融资提供了一条便利通道。

综合观察武汉城市圈各城市 2011 年的投资利润率即利润总额和 GDP 的比值（见表6.8），可以看出由于各城市的发展条件不同，这些城市的投资利润率也不同，且差距较大，咸宁市的投资利润率较高，潜江市的投资利润率较低，可见资本市场的一体化程度还较低。

表6.8　2011 年武汉城市圈内各城市的投资利润率

城市	武汉市	黄石市	鄂州市	孝感市	黄冈市	咸宁市	仙桃市	潜江市	天门市
投资利润率	6.39	7.41	4.74	8.61	5.4	14.4	16.6	3.69	10.3

数据来源：《湖北统计年鉴（2012）》，经计算整理而得。

6.3.3.3　金融市场一体化

2005 年开通武汉电子支付系统，这是由人民银行武汉分行组织开发建设的区域性核心金融电子支付平台，起到了整合武汉城市圈内金融资源的作用，实现了跨地域、跨银行的业务联合。2006 年 12 月，人民银行武汉分行形成《金融支持武汉城市圈建设指导意见》。武汉城市圈推出了四项举措支持区域金融业发展，包括推进武汉城市圈金融一体化；搭建银企合作平台，加快实现信贷一体化；发展商业汇票，加快实现票据市场一体化；推进中小企业和农村信用体系建设，形成逃废金融债务惩戒机制。这些举措极大地加快了武汉城市圈金融一体化的步伐。在金融主体建设方面，2008 年 6 月成立"汉口银行"，这是一区域性商业银行；2010 年武汉农村商业银行获准重组，组建光谷科技银行；大力发展小型金融机构，中小企业信贷体系得以完善。

6.3.3.4　商品市场一体化

武汉城市圈商品市场一体化建设早在 2003 年就开始正式启

动，仅一年时间，以武汉企业为龙头的商业企业在城市圈内八市就发展连锁经营网点 58 个，其中武商、中百、中商三大集团在城市圈内八市开设大型百货、连锁超市 25 个。据《湖北统计年鉴（2012 年）》的数据显示，武汉城市圈内各城市 2011 年的 CPI 基本持平，都在 105 左右，这说明武汉城市圈的商品市场在一定程度上实现了全流通和一体化。

6.3.3.5　政府效能一体化

2011 年，武汉城市圈完成地方一般预算财政收入 925.69 亿元，占全省地方财政预算内收入的 35.07%。其中，武汉市完成一般预算财政收入 673.26 亿元，占城市圈的 72.73%。城市圈中其他八个城市的预算财政收入与武汉市相比，还有较大差距，这是由于这些城市经济总量相对偏小，经济效益不高，结构升级缓慢，发展滞后所造成的。这样，增长率就成了一个重要的考察指标。据统计，2011 年武汉城市圈内企业经济效益不断提高，财政收入保持较快增长，2010 年九城市的地方一般预算财政收入仅为 555.78 亿元。①

6.3.4　城乡建设一体化现状

6.3.4.1　城乡空间结构的一体化

《武汉城市圈总体规划》（以下简称《规划》）提出，要优化城镇空间布局，沿重要交通干线，形成"一核、三轴、两环、四组团、两带"的空间结构。完善城镇规模结构，优化整合超大城市，重点发展大城市和特大城市，提升中小城市，加快发展农村小城镇。明确城镇职能结构与产业分工，统筹城乡协调发展，加大扶贫力度。总体思路是：强化主城武汉，依托四条主轴，振兴东西两翼、拉动南北两极，形成由主核武汉都市发展

――――――――――

① 数据来源于《湖北统计年鉴（2012 年）》。

区、两条绕城市圈快速交通环线、两大生态带、三个不同辐射强度的圈层、四条复合主轴带、四个产业城镇组团组成的空间结构体系。

强化主城武汉：进一步发挥武汉的辐射带动与极化功能，整合城市圈的支柱与重点产业，全力建设好东湖新技术产业区、沌口与吴家山先进制造业区、王家墩中央商务区、天河机场及阳逻港出口加工区。将武汉打造成湖北乃至中部地区经济、金融、物流、商贸、以旅游为主的现代服务业中心，高技术产业和先进制造业中心，科教创新中心，强化武汉在城市圈中的核心地位，并形成与城市圈其他城市错位发展的格局，推动产业、资金、管理逐步向周边地区扩散。

构建城市圈两环：全长 188 公里的武汉市区绕城高速外环，为武汉市连接周边地区过境高速公路的主要接口。环城市圈准高速外环，连接大悟、红安、麻城、浠水、大冶、咸宁、赤壁、仙桃、天门、应城、安陆等地，构成城市圈紧密层的边界。

建设东西复合走廊：依托东西两条轴线，拉动城市圈均衡发展；振兴东西两翼，带动南北两极。

打造四个产业城镇组团：东翼由黄石、鄂州、黄冈组成紧密型产业城镇组团，西翼由仙桃、潜江、天门组成松散型产业城镇组团，西北翼由孝感、汉川、应城、安陆四市组成松散型产业城镇组团，南翼由咸宁、赤壁、嘉鱼三城组成南部城镇组团。

组建两大生态带：东部的大别山和南部的幕阜山是城市圈的两大区域生态屏障，是打造生态城市圈的资源基础，也是发展包括生态农业、生态工业和生态旅游业在内的生态经济带，是城市圈可持续发展的重要保障。

6.3.4.2 城乡居民收入情况分析

在《规划》的引导下，城市圈的城乡一体化也取得了不小的进展。农村居民人均纯收入和城镇居民人均可支配收入在

2010 年和 2011 年都增长迅速，其中农村居民人均纯收入增速都在 18%左右，城镇居民人均可支配收入的增速除了增速较快的潜江市和增速较慢的天门市外，均在 14%左右（见表 6.9）。

表 6.9　　武汉城市圈各城市 2010 年、2011 年城乡居民收入情况

	2010 年		2011 年			
	农村居民人均纯收入（元）	城镇居民人均可支配收入（元）	农村居民人均纯收入（元）	增速（%）	城镇居民人均可支配收入（元）	增速（%）
武汉市	8 295	20 806	9 814	18.31	23 738	14.09
黄石市	5 524	14 665	6 487	17.43	17 003	15.94
鄂州市	6 645	14 788	7 909	19.02	17 008	15.01
孝感市	5 943	13 796	7 029	18.27	15 888	15.16
黄冈市	4 634	12 832	5 438	17.35	14 731	14.8
咸宁市	5 606	12 968	6 588	17.52	14 875	14.71
仙桃市	6 807	13 021	8 006	17.61	15 052	15.6
潜江市	6 486	12 210	7 684	18.47	15 561	27.44
天门市	6 207	13 879	7 407	19.33	13 886	0.05
城市圈合计	5 920	18 921	6 993	18.13	21 636	14.35

数据来源：《湖北统计年鉴（2012）》，经计算整理而得。

但是，我们也看到，武汉城市圈城乡居民的人均收入差距还较大。以武汉市为例，2010 年武汉市城镇居民人均可支配收入为 20 806 元，农村居民人均纯收入为 8 295 元，城镇居民收入是农村居民收入的 2.51 倍，而城乡一体化的标准是 2 倍，武汉已超过了这一水平。再看其他几个城市，仅仙桃市和天门市在 2 倍以内，其他城市的城乡居民收入比均高于 2。如果按照农村居民可支配收入计算的话，这个数据还会增大，因为在农民的纯收入里，他们还要拿出一部分来购买第二年的生产资料。由此可见，武汉城市圈内的城乡一体化程度还有待提高。

6.3.4.3 城乡公共服务的一体化

近年来，在城乡医疗卫生一体化方面，医疗卫生资源在城乡之间的配置得到进一步优化，农村公共医疗卫生体系有了较大改进，新型农村合作医疗得以蓬勃发展。武汉市的医院已逐步向城市圈内参加新型农村合作医疗的农民开放。武汉市骨科医院已与孝感、仙桃等地达成合作协议——为当地农民转诊武汉开通了便捷的绿色通道，农民可享受该院一流专家提供的服务，农民返乡后按比例报销。

在城乡交通一体化方面，武汉城市圈交通一体化正在稳步推进，目前已初步实现了交通规划同步。在公路建设一体化方面，重点推动高速公路、农村公路的互连互通、对等建设，实现项目共建、政策共享；在交通资源对接整合上，强化圈内各城市在客货运输方式上的对接，形成各城市间一体的、平等开放的、互惠互利的客货运输网。此外，武汉市非常注重相互协作一体化的推进工作，加强与城市圈内八个城市交通主管部门的沟通，定期召开联席会，积极开展网上交流，促使城市圈交通建设发展更加紧密化、经常化、制度化。近几年来，在高速公路、金融与信息网络等配套基础设施建设逐步完善和政策开放的良好环境下，武汉市与周边城市之间的经济逐步走向"相互依存，共荣共强"，周边城市的发展也为武汉的发展拓展了新的空间。

在城乡公共就业服务一体化方面，武汉市汉阳区建立了武汉城市圈城乡一体化公共就业服务体系，同时向城市圈劳动者推出十一项免费服务。该公共就业服务体系向凡在汉阳区就业的孝感市、黄冈市、鄂州市、黄石市、仙桃市、咸宁市、潜江市、天门市的城乡劳动者或来汉阳区招聘的八个城市的企业提供十一个方面的免费服务，即免费职业介绍、免费档案托管、免费提供招聘平台、优先输出人才、联合举办促就业活动、免费职业培训、免费职业技能鉴定、免费劳动合同管理、免费劳动仲裁、免费咨询解答、免费人才市场服务。

在城乡教育一体化方面，为了推动武汉城市圈教育一体化进程，武汉城市圈统一进行教育规划，加快推进"双高'普九'"；加强农村薄弱学校建设，缩小城乡之间和校际办学条件差距，有效解决择校问题；采取"手拉手"结对帮扶的形式，有效实施城市学校支持农村学校工程，逐步实现义务教育资源配置圈域均衡；有效解决进城务工人员子女的受教育问题，切实关爱留守儿童；推进全面免除城市义务教育阶段学生学杂费工作等。

在城乡社会保障一体化方面，省政府与国家民政部签订合作共建协议，在武汉城市圈探索实现城乡低保一体化。根据协议，民政部优先考虑将武汉城市圈纳入城乡低保一体化改革试点，建立城乡低保标准同步联动、低保标准动态调整机制；支持湖北在武汉城市圈内开通统一的社会救助服务号码；支持湖北在武汉城市圈实施农村减灾安居工程，全面完成圈内农村困难户危房改造任务等。

武汉城市圈计划逐步消除圈内城市间和城乡间的户籍壁垒，建立武汉和周边八个城市（黄石、鄂州、孝感、黄冈、咸宁、仙桃、潜江、天门）城乡一体的户籍制度，取消农业户口、非农业户口性质，以及地方城镇户口、蓝印户口、自理口粮户口、农场商品粮户口等各种户口类型，统一登记为"湖北居民户口"，武汉城市圈内各城市居民可自由流动。户籍制度改革增强了大中城市的辐射带动功能，扩大了城镇就业容量，降低了农民进城门槛，加快了农村剩余劳动力向城镇转移的步伐。

6.3.5 环境保护与生态建设一体化

长期以来，人类高强度的经济社会活动，如在丘陵山区坡地毁林开荒，对铁、铜、煤炭、建材、盐矿及油气等矿产资源进行大规模不合理开发，修建高速公路和水利基础设施建设中对天然植被的破坏等，导致水土流失、水源被污染等，甚至诱发地面塌陷、山崩、滑坡、泥石流等地质灾害。武汉城市圈人口稠密，据遥感图像显示，圈内目前水土流失约占土地总面积的36%，其中中度和强度及以上的水土流失面积约占60%。近年来，全省对山区水土流失治理比较重视，而对平原地区的水土流失（片蚀）及生态建设则重视不够。

水域面积广阔是武汉城市圈的一大特色和优势，但由于受围垦、城建等人类活动和自然因素的交互影响，加之缺乏有效的保护，圈内大部分湖泊萎缩严重，许多天然湿地向人工、半人工湿地演变，由此导致蓄水调节功能减弱，加大了防洪排涝和抗旱压力，纳污净化能力衰退甚至丧失，现有水体普遍富营养化，生物多样性遭到破坏，鸟类、鱼类等生物资源的种群数量显著减少。

《规划》把生态建设与环境保护一体化纳入其中，符合"两型"社会的目标宗旨，充分体现了在城市圈建设中不能以牺牲生态环境换取经济高速发展的理念。其一，要提高环境承载力。加速转变经济增长方式，调整优化产业结构，增加环保投资，加快环保基础设施建设，提高环境管理水平。其二，要建设生态景观系统。构建"绿轴"，形成沟通城市圈内外的生态廊道；建设与保护多组生态"绿楔"隔离带，保护各城镇组团；重点保护好城市圈的"绿脉"（森林与草地）和"蓝脉"（水体与湿地）地带。其三，要加强水景系统的建设与保护。重点整治水污染，建设江湖相通的水生态体系。其四，要建设生态示范区，将城市圈内各城市建设成为生态城市，围绕开发区打造生态产业园，建设和谐生态社区，创造清洁、优美、舒适的人居环境。

目前，以长江、汉江水系为城市圈生态景观格局的主骨架，以山、河、湖、田、林等为基本要素，以绿色廊道工程、绿色屏障工程、农村人居环境生态景观工程三大工程建设为重点的环保工程建设已初见成效。

同时，城市圈内正在推进生态城市建设。生态城市（Ecological City），从广义上讲，是建立在人类对人与自然关系更深刻认识基础上的新的文化观，是按照生态学原则建立起来的社会、经济、自然协调发展的新型社会关系，是有效利用环境资源实现可持续发展的新的生产和生活方式。从狭义上讲，生态城市就是按照生态学原理进行城市设计，营造高效、和谐、健康、可持续发展的人类聚居环境。生态城市不仅要求具有优良的自然生态环境和适合于人类生活的人居环境，而且要求基本建成以循环经济为基础的资源节约型和环境友好型经济社会体系，还要普及和提高公众的生态环境意识，建立完备的法律、政策和管理体制。《规划》中明确提出，到 2010 年，咸宁率先建成生态市；到 2015 年，武汉、孝感、黄冈、鄂州、潜江建成生态市；到 2020 年，黄石、仙桃、天门基本建成生态市。

近期，重点实施的有青山电厂和黄石电厂"大代小"热电联产工程、武钢集团余热余压利用项目、华新水泥股份有限公司水泥窑纯低温余热发电项目等节能工程，预期完工后，年节能折标煤可达到 87.5×10^4 吨。

另外，如表 6.10 所示，武汉城市圈在 2010—2011 年，资源利用率提高很快。从 2005—2010 年，武汉市用了五年时间把 GDP 耗能率降低了 22.06%，但从 2010—2011 年，只用了一年时间就把 GDP 耗能率降低了 22.62%；鄂州市仅用一年时间 GDP 耗能率就降低了 29.23%，大大超过了 2005—2010 年五年的 GDP 耗能率（24.12%）。

表 6.10 　　　　城市圈各城市部分年份 GDP 耗能

单位：吨/万元

年份\城市	2005	2010	2011
武汉市	1.36	1.06	0.82
黄石市	2.34	1.83	1.58
鄂州市	2.57	1.95	1.38
孝感市	1.95	1.51	1.24
黄冈市	1.61	1.26	0.97
咸宁市	1.79	1.41	1.09
仙桃市	1.32	1.06	0.91
潜江市	1.98	1.56	1.12
天门市	1.19	0.94	0.79

数据来源：《湖北统计年鉴（2012）》，经计算整理而得。

6.3.6 城市圈经济一体化水平综合评价

6.3.6.1 圈内首位度的分析比较

首位度是指一个地区最大城市与第二大城市的规模之比，是进行城市圈经济分析的常用指标。首位度在一定程度上代表了城镇体系中的城市发展要素在最大城市的集中程度。

为了计算简便和易于理解，杰斐逊提出了"两城市指数"，即采用首位城市与第二位城市的指标之比的计算方法，包括人口首位度、土地面积首位度、生产总值首位度等指标。

两城市指数 $S = P_1/P_2$ 　　　　　（公式 8）（$S=2$ 为正常）

两城市指数尽管容易理解和计算方便，但不免以偏概全。为了改进首位度两城市指数的简单化，又进而提出了四城市指数和十一城市指数。

四城市指数 $S=P_1/(P_2+P_3+P_4)$　（公式9）（S=1为正常）

十一城市指数 $S=2P_1/(P_2+P_3+\cdots+P_{11})$

（公式10）（S=1为正常）

根据前文表6.3中的数据计算（为计算简便，采用"两城市指数"），2011年中心城市武汉市的生产总值首位度为6.46，偏高。这说明城市圈内各城市的发展很不平衡，且城市圈的经济对中心城市的依赖度偏高，圈内其他城市发挥的作用还不大，需要进一步协调圈内各城市的发展，充分发挥中心城市的扩散效应。

6.3.6.2 评价指数综合分析

按照上述评价指标体系的构建方法，根据《湖北统计年鉴（2012）》，武汉城市圈经济一体化水平综合评价指标的数据归纳如表6.11所示。

该指标体系一共选取了5大类15项指标进行经济一体化指数的分析。

首先，用SAS软件在输入数据后生成了15项指标的两两之间的相关系数表（见表6.12）。随后，按照本书3章2节的公式1计算出基础数据的标准化值 Z_{ij}（见表6.13），以便于进行进一步的主成分分析。

表 6.11　　武汉城市圈综合评价指标体系 2011 年基础数据

评价方向	评价指标 城市圈经济一体化评价指标	单位	武汉市	黄石市	鄂州市	孝感市	黄冈市	咸宁市	仙桃市	潜江市	天门市
基础设施	基础设施投资	亿元	2 312.36	368.95	266.48	425.55	567.38	395.79	145.69	97.11	80.24
	资金流比	%	4.03	3.4	2.2	2.5	1.7	2.6	2	1.2	1.04
	信息流比	万元/人	1 317.8	685.79	699.91	263.79	329.91	490.5	392.3	517.9	199.5
产业布局	人均 GDP	元	69 192.07	38 239.65	46 910.27	19 944.5	16 996.65	26 536.89	32 279.02	40 051.93	19 281.51
	第一产业所占比重	/	0.98	0.94	15.34	14.03	10.15	12.99	14.43	20.93	10.42
	第二产业所占比重	/	45.95	54.64	51.89	45.46	47.05	52.07	46.26	45.21	46.01
	第三产业所占比重	/	53.07	44.41	45.46	40.51	42.8	34.95	39.31	33.86	43.57
	实际利用外资/GDP	%	2.5	2.2	1.5	1.3	1.3	1.6	0.9	1	0.59
	进出口总额/GDP	%	21.06	14.88	4.34	3.3	2.04	2.81	5.44	6.04	1.03
区域市场	居民消费价格指数	/	105.2	105.3	106.3	105.6	105.3	105.7	105.2	105.3	106.6
	财政支出份额	%	11.32	13.88	11.54	18.01	21.58	19.48	11.18	9.96	14.11
	投资利润率	%	6.39	7.41	4.74	8.61	5.4	14.4	16.6	3.69	10.3
城乡建设	城乡居民人均可支配收入	元	23 738	17 003	17 008	15 888	14 731	14 875	15 052	15 561	13 886
	农村居民人均纯收入	元	9 814	6 487	7 909	7 029	5 438	6 588	8 006	7 684	7 407
环保生态	资源转化率（GDP 耗能）	吨/万元	0.82	1.58	1.38	1.24	0.97	1.09	0.9	1.12	0.79

数据来源：根据《湖北统计年鉴（2012）》中"两圈主要经济指标表"整理而得。

表 6.12　　　　武汉城市圈综合评价指标体系 15 项指标的相关系数表

Correlation Matrix

	var1	var2	var3	var4	var5	var6	var7	var8	var9	var10	var11	var12	var13	var14	var15
var1	1.0000	0.7423	0.8378	0.7060	-0.6415	-0.1653	0.7288	0.7450	0.7769	-0.3668	-0.0927	-0.2182	0.9250	0.5933	-0.3142
var2	0.7423	1.0000	0.7764	0.6303	-0.7494	0.3878	0.5832	0.9434	0.8265	-0.4248	-0.0449	-0.0065	0.7980	0.3642	0.2653
var3	0.8378	0.7764	1.0000	0.9551	-0.5556	0.1747	0.6480	0.8398	0.8935	-0.3332	-0.4468	-0.3167	0.9507	0.6898	0.0291
var4	0.7060	0.6303	0.9551	1.0000	-0.3657	0.0888	0.5652	0.6797	0.8341	-0.2620	-0.6784	-0.3231	0.8950	0.8142	0.0325
var5	-0.6415	-0.7494	-0.5556	-0.3657	1.0000	-0.3263	-0.7565	-0.7401	-0.7315	0.2077	-0.0757	0.0402	-0.5950	-0.1389	-0.0431
var6	-0.1653	0.3878	0.1747	0.0888	-0.3263	1.0000	0.0326	0.4677	0.1466	0.1208	0.1231	0.0365	-0.0281	-0.3245	0.7283
var7	0.7288	0.5832	0.6480	0.5652	-0.7565	0.0326	1.0000	0.5812	0.6390	0.0597	-0.1885	-0.3077	0.7462	0.4762	-0.1082
var8	0.7450	0.9434	0.8398	0.6797	-0.7401	0.4677	0.5812	1.0000	0.8416	-0.4224	-0.0285	-0.2648	0.8085	0.2730	0.3441
var9	0.7769	0.8265	0.8935	0.8341	-0.7315	0.1466	0.6390	0.8416	1.0000	-0.5030	-0.4417	-0.2348	0.8933	0.5859	0.0992
var10	-0.3668	-0.4248	-0.3332	-0.2620	0.2077	0.1208	0.0597	-0.4224	-0.5030	1.0000	0.0032	0.0028	-0.3393	-0.0291	-0.0313
var11	-0.0927	-0.0449	-0.4468	-0.6784	-0.0757	0.1231	-0.1885	-0.0285	-0.4417	0.0032	1.0000	0.1396	-0.3841	-0.7643	-0.0023
var12	-0.2182	-0.0065	-0.3167	-0.3231	0.0402	0.0365	-0.3077	-0.2648	-0.2348	0.0028	0.1396	1.0000	-0.3255	-0.0272	-0.3100
var13	0.9250	0.7980	0.9507	0.8950	-0.5950	-0.0281	0.7462	0.8085	0.8933	-0.3393	-0.3841	-0.3255	1.0000	0.7344	-0.0648
var14	0.5933	0.3642	0.6898	0.8142	-0.1389	-0.3245	0.4762	0.2730	0.5859	-0.0291	-0.7643	-0.0272	0.7344	1.0000	-0.3386
var15	-0.3142	0.2653	0.0291	0.0325	-0.0431	0.7283	-0.1082	0.3441	0.0992	-0.0313	-0.0023	-0.3100	-0.0648	-0.3386	1.0000

表 6.13　武汉城市圈综合评价体系基础数据的标准化值

经济一体化指标	Mean	Std	武汉市	黄石市	鄂州市	孝感市	黄冈市	咸宁市	仙桃市	潜江市	天门市
基础设施投资	517.73	692.69	2.59	-0.21	-0.36	0.21	-0.61	0.31	-0.30	-1.13	-1.29
资金流比	2.30	0.97	1.78	1.13	-0.10	-0.83	-0.63	-0.16	-0.45	-0.08	-1.02
信息流比	544.16	337.78	2.29	0.42	0.46	-0.87	-1.04	-0.47	-0.13	0.34	-0.91
人均 GDP	34 381.39	16 659.88	2.09	0.23	0.75	0.44	-0.15	0.28	0.50	1.49	-0.11
第一产业所占比重	11.13	6.57	-1.55	-1.55	0.64	-0.79	-0.35	1.06	-0.57	-0.86	-0.64
第二产业所占比重	48.28	3.56	-0.66	1.79	1.01	-0.79	-0.35	1.06	-0.57	-0.86	0.27
第三产业所占比重	41.99	5.80	1.91	0.42	0.60	-0.26	0.14	-1.21	-0.46	-1.40	-1.38
实际利用外资/GDP	1.43	0.61	1.75	1.26	0.11	-0.22	-0.22	0.28	-0.87	-0.71	-0.85
进出口总额/GDP	6.77	6.72	2.13	1.21	-0.36	-0.52	-0.70	-0.59	-0.20	-0.11	1.94
居民消费价格指数	105.61	0.51	-0.80	-0.61	1.35	-0.02	-0.61	0.17	-0.80	-0.61	-0.11
财政支出占份额	14.56	4.16	-0.78	-0.16	-0.73	0.83	1.69	1.18	-0.81	-1.11	0.38
投资利润率	8.62	4.42	-0.50	-0.27	-0.88	0.00	-0.73	1.31	1.81	-1.12	-0.86
城乡居民人均可支配收入	16 415.78	2 932.40	2.50	0.20	0.20	-0.18	-0.57	-0.53	-0.47	-0.29	0.03
农村居民人均纯收入	7 373.56	1 225.16	1.99	-0.72	0.44	-0.28	-1.58	-0.64	0.52	0.25	-1.17
资源转化率（GDP 耗能）	1.10	0.26	-1.05	1.82	1.06	0.53	-0.49	-0.03	-0.75	0.08	-1.17

通过 SAS 软件分析的主成分方差贡献率占比见表 6.14，其中主成分的方差贡献率和累计贡献率走势如图 6.6 所示。从表 6.14 可以看出，通过 15 个统计指标抽象出的前 8 个主成分的方差贡献率已经达到 100%。由于前 4 个主成分的方差累计贡献率已经达到 87.7%，其所占比重足以进行主成分分析，故本书仅选取前 4 个重要的主成分进行综合指数分析。

表 6.14 武汉城市圈综合评价体系中主成分的方差贡献率占比

	特征值	方差贡献率	方差累计贡献率
主成分 1	7.76310224	0.5175	0.5175
主成分 2	2.56801971	0.1712	0.6887
主成分 3	1.63413126	0.1089	0.7977
主成分 4	1.1903983	0.0794	0.877
主成分 5	1.06078624	0.0707	0.9478
主成分 6	0.44410685	0.0296	0.9774
主成分 7	0.23633985	0.0158	0.9931
主成分 8	0.10311554	0.0069	1
主成分 9	0	0	1
主成分 10	0	0	1
主成分 11	0	0	1
主成分 12	0	0	1
主成分 13	0	0	1
主成分 14	0	0	1
主成分 15	0	0	1

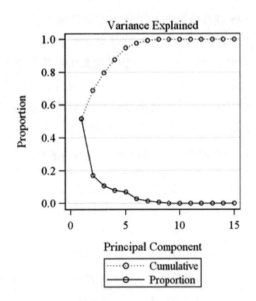

**图 6.6　武汉城市圈综合评价体系中主成分的方差
贡献率和累计贡献率走势图**

通过表 6.15 的主成分得分系数矩阵，结合各城市相关指标
的标准化值，根据本书 3 章 2 节所述的评价指标计算方法（公
式 2 和公式 3），利用公式 2 得出第 k 个主成分在第 j 个样本或经
济地域单元上的得分 f_{kj}，再利用公式 3 根据每个成分的方差贡
献率 w_k 计算出圈内各城市一体化评价指数综合得分 F_j。计算结
果见表 6.16。

表6-15　　武汉城市圈综合评价体系中主成分得分系数矩阵

Eigenvectors

	Prin1	Prin2	Prin3	Prin4	Prin5	Prin6	Prin7	Prin8	Prin9	Prin10	Prin11	Prin12	Prin13	Prin14	Prin15
var1	0.316617	-0.100423	-0.293599	0.062632	-0.131961	0.265965	-0.013786	-0.063479	0.198414	0.198011	-0.129642	0.782171	0	0	0
var2	0.30839	0.234712	-0.123539	-0.114434	0.164265	0.15238	0.412751	-0.069489	0.183515	0.257114	-0.01517	-0.26853	-0.190119	-0.34598	-0.517768
var3	0.346074	-0.034468	0.099689	-0.036541	-0.00377	0.23643	-0.316139	0.09302	0.119983	0.180599	-0.370617	-0.320806	-0.148572	-0.306664	0.547594
var4	0.320247	-0.145712	0.263996	-0.074964	0.038083	0.163462	-0.22459	0.18164	0.115128	0.096811	0.816496	0	0	0	0
var5	-0.253061	-0.232604	0.292996	-0.235397	-0.143485	0.517923	0.163873	0.316808	0.042132	-0.07928	-0.177539	0.009639	0.478621	-0.165845	-0.168188
var6	0.049084	0.51485	0.265956	0.069724	0.336411	0.136917	-0.443531	0.205351	-0.123535	0.147627	-0.217831	0.117388	0.067146	0.30304	-0.302476
var7	0.270922	-0.025923	-0.122072	0.508747	-0.000406	-0.298464	0.204738	0.671888	0.096625	-0.089882	-0.061059	-0.051874	0.213716	-0.01611	0.001968
var8	0.315091	0.28071	-0.03519	-0.056562	-0.04235	0.199104	-0.019073	-0.119822	0.131203	-0.862619	0	0	0.75324	0	0
var9	0.342049	0.02826	0.018395	-0.144553	0.008132	-0.326472	-0.077138	-0.387071	0.059522	0.131636	-0.042464	-0.092202	0.123406	-0.228946	0.045726
var10	-0.134388	-0.066589	0.210912	0.728511	0.296741	0.273714	0.059019	-0.39925	0.007817	-0.02318	0.075579	0.009057	0.219849	0.341326	0.206339
var11	-0.137647	0.33418	-0.508071	0.122809	-0.210817	0.420168	0.057999	0.005037	0.029701	0.181009	0.204073	-0.298463	0.131749	-0.11736	0.291891
var12	-0.101334	-0.027059	-0.317206	-0.282383	0.784471	0.033126	0.12285	0.146038	-0.079743	-0.080361	0.090407	0.131749	0.13567	0.131749	0
var13	0.350485	-0.090885	-0.018671	0.022582	-0.07815	0.160379	0.160335	-0.013528	-0.900179	0.000994	-0.185683	-0.174538	-0.11353	0.692821	0
var14	0.236393	-0.413099	0.157293	-0.008493	0.240965	0.133414	0.267129	-0.101939	0.182234	0.123848	0.064202	0.226133	-0.017091	0.692821	0.062954
var15	0.01415	0.466057	0.466389	-0.081881	-0.080333	-0.071044	0.536891	0.004093	0.03661	0.123848	0.064202	0.226133	-0.017091	0.062954	0.427091

表 6.16 武汉城市圈内各城市一体化评价指数综合得分表

城市 得分	武汉市	黄石市	鄂州市	孝感市	黄冈市	咸宁市	仙桃市	潜江市	天门市
评价指数 综合得分	3.076127	1.592851	0.598184	0.66071	0.84002	0.55733	0.96815	0.81169	1.42926

从各经济地域单元的评价指数综合得分可以看出，目前武汉城市圈内各城市之间评价指数差距较大，这表明武汉城市圈经济一体化水平偏低。其中，武汉市得分较高，综合评价得分3.076127，咸宁市得分较低，综合评价得分0.55733。值得关注的是，天门市与武汉市的关联度较弱，但得分1.42926，说明该城市自身的一体化程度较高，其产业、市场、城镇建设等方面必有值得借鉴的地方。

6.4 武汉城市圈经济一体化机制缺陷分析

6.4.1 市场机制不健全

6.4.1.1 市场壁垒还未消除

武汉城市圈的经济一体化市场体制和机制尚不完善。目前，各城市在战略上加强了与武汉市的互动发展，在经济联系强度上，一些城市与武汉市的经济联系强度较高，明显高于圈内其他城市，如黄冈、孝感与武汉的经济联系强度分别达到285.593和272.870（见表6.2），成为全省经济效应最强的城市密集区，但是整个城市圈一体化的发展态势还未凸显。

在市场经济体制下，区域之间的经济分工合作，主要靠市场经济的微观主体——企业来推动，但是武汉城市圈的组织和协调仍主要靠政府来推动。目前，企业微观层面的主动分工合作意识不强。在武汉城市圈的发展过程中，政府为产业布局的优化奠定了一定的基础，建设了武汉东湖新技术开发区、武汉经济技术开发区、吴家山海峡两岸科技产业园和阳逻经济技术开发区等大大小小的产业密集园区，但在产业重点的战略协调、空间开发的梯度对接等方面，还存在着诸多需要企业和市场共同解决的问题。同时，圈内各城市不同程度地存在着市场准入、质量技术标准、行政事业性收费、户籍制度等形式的地方保护行为。市场建设的总体水平不高，结构和分布不合理；资金、技术、劳动力等生产要素的市场优势不能互补，集聚和扩散效应不明显；相关法律法规不健全，缺乏统一的市场监管机制。

6.4.1.2 城市圈影响力扩散效应较低

2011 年，武汉城市圈以占全省 32.52% 的土地面积（60 452 平方公里），集聚了全省 48.97% 的人口（3 024.29 万人）、76.73% 的国内生产总值（11 859.12 亿元）、57.44% 的全社会固定资产投资（7 427.73 亿元）、74.38% 的地方财政收入（1 093.8亿元），是湖北人口、产业、城市最为密集的经济中心区，综合实力较强，在全省占有重要地位。但是，与我国其他城市圈相比，其经济实力明显低于长三角、珠三角、京津冀城市圈，若将城市圈核心城市武汉与其他城市圈的中心城市进行比较，其结果也与此类似。2011 年武汉市的 GDP 总值不及上海和北京的 1/2，也低于广州、苏州等城市。[①]

缪尔达尔（1974）提出的"扩散效应"，是指所有经济扩张中心的周围地区，都会随着扩张中心基础设施的改善等，从中心地区获得资本、人才，被刺激得以发展，逐步赶上中心地区。武汉城市圈中的武汉市一枝独秀，第二大城市与武汉市的各项指标都有较大的差距，核心城市对城市圈发展的影响力和带动

---

① 参见中经网统计数据库：2011 年上海、北京、广州、苏州、武汉的 GDP 分别是 19 195 亿元、16 251 亿元、12 380 亿元、10 500 亿元、8 494亿元。

力不大，扩散效应不够明显。这是市场机制不健全的结果。只有不断发挥市场经济的作用，这种扩散效应才会逐步显现。

由于武汉城市圈地处中国的"中部之中"，"中部定，天下安"，所以武汉城市圈的经济将会直接影响中部地区的核心竞争力。不够强大的经济实力大大削弱了武汉及其整个城市圈在区域经济中的辐射带动能力，影响了武汉城市圈在国际、国内的经济竞争力，也会明显影响中部地区在全国的地位和竞争力。

6.4.1.3 中心城市首位度高，城市极差较大

根据 2011 年湖北省统计数据计算，武汉市在城市圈中的经济首位度为 6.46，偏高，透露出城市圈经济结构存在缺憾的信息。从经济综合实力看，圈内 9 个城市的空间结构级差较大，第一层次的城市仅有武汉市，缺乏第二层次城市，其他城市均属第三层次，呈现明显的断层结构特征。例如，2011 年武汉市人均 GDP 约是圈内孝感、咸宁、天门等市的 3 倍（见表 6.3），如此之大的差距会使得武汉市在自身的发展过程中对周边城市形成单向的资源、人才、资本的吸纳现象，在空间上表现出对周边地区的剥夺与支配，一定程度上会阻滞圈内其他城市的发展。武汉市"一市独大、一强众弱"的发展格局将严重影响平等交流、产业辐射和城镇化进程。大城市的优势只有依托中小城市的发展才能得以体现。由于市场机制不健全，要素流通不畅，使得城市体系内缺乏强有力的"二传手"，会阻碍武汉市与其他中小城市的联系。这不但会影响首位城市优势的发挥，同时也导致大中小城市之间缺乏必要的有机联系，中心城市的辐射功能受到限制，进而影响城市圈整体功能的发挥。

6.4.2 政府机制不到位

6.4.2.1 政府规划的强制性弱

应制定和实施城市圈经济整合专项规划和法规。前文研究

国外城市圈经济一体化的经验和教训时，给我们的启示是：无论是日本的东京城市圈，还是法国的巴黎城市圈和美国的纽约大都市圈，在制定和实施城市圈经济整合规划的过程中都有相关的专项法规作为指导，并且严格按照这些法规开展城市圈经济整合工作。以日本东京城市圈为例，该城市圈经济整合规划建设之所以能够取得成功，在很大程度上得益于日本政府有完善的相关法律体系。

6.4.2.2 地方政府合作不密切

武汉城市圈圈内各城市更多追求的是眼前利益和地方利益，产业布局同构现象严重。地方政府之间缺少合作机制，较少关注城市圈发展的长远利益和整体利益。如何将城市圈内各城市市场主体的眼前利益、地方利益与整个城市圈的长远利益、整体利益结合起来，是政府面临的难题，需要地方政府之间共同协商和调节，以达到利益的平衡。在我国特定的社会政治环境中，除了中央政府和省级政府，地方政府在城市圈发展中还有相当的主动权，甚至是主导者，所以要推动一体化进程，圈内各地方政府必须加强组织协调。

6.4.2.3 产业间很难形成集群

武汉城市圈农业发展历史悠久，传统的粮棉油和特色蔬菜、奶业、水产品、林特产品等品种繁多。根据区位熵的计算（见表6.6），可以看到武汉城市圈的优势产业大都集中在第一产业——农业。农业比重过高，工业比重过低，工业对农业的带动作用不大。2011年，武汉城市圈一、二、三产业的结构比为13.1：50.1：36.8，这与上海市0.7：41.3：58.04、江苏省2.6：51.3：42.1和浙江省4.9：51.2：43.9相比[1]，武汉城市圈第一产业比重偏高，第三产业比重偏低且对第一、第二产业

---

① 数据来源：由中经网统计数据库2011年年度数据计算而得。

的支持与带动作用不强。

由于武汉城市圈内各城市范围的界定基本与行政区划一致，带有很强的行政干预色彩，导致在一定程度上经济发展的战略目标和战略重点雷同，缺乏特色，传统产业、国有经济比重过大，经济结构调整滞后。长期的计划经济所形成的"大而全""小而全"的观念，导致武汉城市圈内各城市之间生产布局重复。虽然经过了多年的调整，但由于行政壁垒等原因，导致其产业选择与配置远没有达到最佳状态。

受各自为政的影响，圈内产业同构现象严重，很难形成集群效应。例如，武汉、黄石、孝感、仙桃、潜江五市都把化工作为主导产业（见表 6.1），并没有从分工协作关系上考虑如何集合成一个整体参与国内外竞争，生产运行带有明显的行政区域利益特征，且城市之间产业合作不多，同类产业竞争激烈，容易出现区域摩擦和过度竞争。这样会阻碍各种商品和生产要素的自由流动，严重的情况下会影响优势企业的跨地区迁移或兼并、重组。例如，圈内同是钢铁企业的武钢、鄂钢、大冶钢铁之间缺乏合理有效的分工，产业协作甚少，商业零售甚至存在无序竞争等状况。在激烈的竞争中，武汉城市圈内各类产业势单力薄，难以形成合力。同类企业不是以一个整体出现，市场效果不佳。各自为政的产业布局最终很难发挥区域内不同地区和部门之间的比较优势和区域经济的规模效应，区域经济优势无法互补。

6.4.2.4 基础设施网络不完善

随着全国信息网、交通网的建成和完善，武汉城市圈通信、交通体系已初步形成。但部分设施不对接、功能不完善等突出问题仍旧存在。一是武汉和各城市之间的高等级公路有部分工程尚未完工，有些等级水平还较低，还存在不少断头路和瓶颈路——如连接经济圈内两大城市武汉和黄石的武黄公路还是 20

世纪80年代的水平，不能适应新形势的要求。二是沿江铁路还没有进入实质性建设阶段，内河运输优势等得不到充分发挥，港口建设滞后。三是城际高等级公路"纵通横不通"，相互之间的高速连通大多需绕道武汉，各城市与武汉的联系明显缺乏网络功能。

6.4.2.5 社会公共服务不均等

公共服务应是指纯公共服务，包括义务教育、公共卫生、基础科学研究、公益性文化事业和社会救济等。公共服务均等化表现为在不同区域之间、城乡之间、居民个人之间公共服务的分布均等，这三个层次是逐层递进的，实施的难度也是逐层加大的。通过前面的分析我们可以看出，武汉城市圈近年来的公共服务水平有所提高，各级政府不断加大科教、文卫等公共事业的投入，但这方面的数据显示提高得不快，个别指标还有所下降。圈内城市间教育的师资配备以及医疗机构的规模差距不小，农村居民纯收入和城镇居民可支配收入差距也较大，公共服务不均等将严重影响城市圈的一体化进程。

6.4.2.6 自然资源利用率不高

武汉城市圈的水资源在各类城市圈中具有较大的比较优势，冶金辅料、建筑材料储量、有色金属、粮食蔬菜油料以及旅游资源等也相当丰富。但目前武汉及周边城市在生态、自然、旅游资源等方面缺乏政府的统一协调开发利用和保护。通过武汉城市圈每万元GDP所耗用的标准煤的吨数可看出资源的开发利用率不高，并且在生态园区建设方面还有很多不足之处，人水关系、人地关系、人林关系比较紧张。由于目前我国的政绩考核和GDP直接挂钩，使得各地政府注重短期经济效益，而忽略了经济的可持续发展，导致资源保护不够、浪费现象严重。

6.4.3 民间组织机制不完善

6.4.3.1 缺少管理的协调机构

城市经济圈发展的整合规划是典型的跨行政区区域规划，要涉及不同行政区划的经济功能区。要实现经济整合功能，靠各行政主体自觉自愿、不折不扣地实施规划是不现实的，靠上级政府强制推行也是有难度的。所以，除了中央政府和地方政府各自的基本职能之外，还需要设立不受地方政府干预又不干预地方行政事务、协调城市圈内不同城市间的规划和布局的管理协调机构。这样，就可以克服城市圈内各级地方政府的城市本位论和地方保护主义思想，携手共建城市圈经济整合机制。如美国纽约都市圈就设立了纽约区域规划协会（Regional Plan Association of New York，RPA），在纽约都市圈的三次区域规划中发挥了重要作用，为都市圈的发展提供了正确的规划建议，值得我们借鉴。

6.4.3.2 民间组织的作用不显著

我们知道，如果要克服市场机制和政府机制失灵的问题，就需要建立民间组织机制，如商会、社团、行业协会等社会中介组织。民间组织对社会的和谐运行具有不可替代的作用，对城市圈经济一体化的高效运行更是如此。武汉城市圈内目前在民政部门登记的民间组织，在数量、规模、结构、布局总体上还不能满足经济社会发展的需要。除了现有的武汉城市圈"商贸服务协会"和"名优产品营销协会"外，少有其他非商贸行业的协会，关于武汉城市圈发展的专项论坛也几乎没有，中介服务咨询机构也不多见，这阻碍了城市圈发展的信息共享。所以，武汉城市圈的发展还需要大量民间组织参与，履行政策建议和执行监督的社会责任。

6.5 小结

综上，武汉城市圈在城市区域化发展和"中部崛起"战略的大背景下将面临新的发展机遇。同时，武汉城市圈具有良好的区域位置，无论是国家政策支持、产业发展、资源禀赋，还是交通运输方面都有着良好的发展基础。但是，目前武汉城市圈总体上呈现出以武汉为绝对中心、圈内各城市发展不平衡的结构特征。目前的一体化现状可以概括为：初具规模，但经济一体化程度不高；大城市不强，中城市不优，小城市不特；城市之间有一定的关联度，但各自为政导致了分工不明确，协调发展不够好。

武汉作为整个城市圈的核心城市以及湖北省的政治、经济和文化中心，在经济发展中一直居于领先地位，它对城市圈乃至全省的贡献率都很高，但这种典型的首位城市分布特征的城市圈结构不利于城市圈的总体发展。另外，由于受行政区划分割体制的影响，在多元投资主体对产业布局产生决定性影响的条件下，武汉城市圈对市场配置资源的效应缺乏统一的干预制度。所以，武汉市除了发挥集聚功能外，还要沿主要经济发展轴线，形成以武汉为龙头的辐射极，通过有效布局产业、合理利用资源优势来带动城市圈的整体发展，发挥其城市圈产业核心增长极功能。

总体来说，武汉城市圈经济一体化机制有以下缺陷：其一，市场机制不健全，无法促进要素的自由流动，使得武汉市作为中心城市的城市首位度较高。其二，政府机制不到位。"过"也不行，"不及"更不行，所以要在政府应该介入的方面适度介入，推动城市圈经济快速发展。例如，在市场机制无法发挥作用的制度规划、地方合作、产业集群、基础设施、资源保护等方面，政府应积极参与并大力推进。其三，民间组织不完善。民间组织作为有别于政府、企业的"第三部门"不可缺位。要学习借鉴国外城市圈中民间组织的做法，参与城市圈发展的协调和监督，同时通过民间组织发挥社会各类优秀人才和资源的作用。

7 武汉城市圈经济一体化机制的优化设计

通过前面的分析可知，武汉城市圈的一体化经济已初具规模。但是，要真正实现城市圈经济一体化，还需要构建推动城市圈经济一体化的具体机制。根据前文所述思路，武汉城市圈要在市场、政府、组织等方面进行机制创新，推动城市圈经济的整体发展。本章将对此做详细论述。

7.1 武汉城市圈经济一体化的市场推动机制

7.1.1 构建市场推动机制体系

要实现武汉城市圈经济一体化，应充分发挥市场机制的作用，以市场为导向推动资源的横向流动和优化配置。在城市圈内为各类经济活动提供公平的市场条件、市场环境和市场制度，通过高度融合的大市场实现城市圈内商品、资源、资金、服务、货物、信息、生产等在区域市场中充分配置，提升整个区域经济的发展层次、发展水平、发展效率和综合竞争力。① 城市圈的市场一体化必须建立能够实现资源共享的跨区域市场体系，消除各要素进入市场的障碍，实现资金、商品、人才、技术、产权等各类市场的一体化，形成互利竞争的市场机制。因此，加快城市圈的整体发展、推进城市圈市场一体化，在更广阔的市场范围内使各地区的优势都能得到进一步发挥，从而使其在更广阔的空间范围内实现合理的地域分工。②

随着市场经济的发展，武汉城市圈经济一体化正在发生新的变化。但武汉城市圈在市场层面同样存在问题，如适应城市圈经济一体化的区域市场体系尚未发育成熟，市场壁垒尚未完全消除，市场一体化程度不高等。虽然总体上商品市场的壁垒已经逐步消除，但是劳动力、资金、技术和产权等要素市场的壁垒还没有完全消除，还存在这样或那样的障碍，市场分割严重，各行政区经济画地为牢；城市圈内产业同构现象严重，缺乏统一规划；产业结构陈旧，迫切需要升级换代等。

郭鸿懋、邹治平在《城市》杂志上撰文指出："城市圈的发展必须按照市场经济的规律来运行，建设城市圈的关键是发展区域共同市场，前者只是后者过渡的形式。否则，违反规律，人为搞大城市圈，无异于是新一轮的'圈地运动'。龙头城市的产业向外扩张，必须有接纳扩张的市场主体，而区域共同市场正好满足了这一要求。共同市场内各经济单位在机制上相互融合、规划上彼此配套、服务上相互衔接，使扩张的产业能突破以往的种种障碍。"这段文字说明，尽管我国市场机制在大都市圈发展中起了很大的作用，但是由于市场自身的不完善，由于

---

① 金石. 长三角区域经济一体化的基础：市场一体化［J］. 浙江万里学院学报，2005（4）：17.

② 陈计旺. 论实现我国区域经济一体化的共同市场建设［J］. 中国流通经济，2004（4）：38.

行政分割、市场运行不畅等原因导致了城市圈经济难以真正整合。这其中最大的原因就是市场分割与市场运行机制不畅，而市场分割与市场机制运行不畅又是圈内城市"经济人"特性造成的。因此，"经济人"特性是造成城市圈经济一体化困难的经济根源。

所以，城市圈市场体系的形成，必须首先突破交易壁垒，开放市场，让市场透明；同时，要想方设法拓展城市圈的投融资渠道，支持和鼓励企业资产重组和跨行政区并购；最后，通过资金、技术、人才等要素的流动和圈内完善的服务网络，整合城市圈内资金、科技和人才资源，实现资源共享。市场机制主要包括产权、商贸物流、金融资本、科技教育和人才劳动力市场。

7.1.1.1 产权交易市场

目前，应大力支持武汉光谷联交所业务的发展，上市股份公司办理股权出资登记和出质登记，必须在武汉光谷联交所进行登记托管。支持武汉光谷联交所开展股权登记托管和股权质押融资业务，依托一体化的产权市场促进圈内资产优化重组，形成武汉与周边城市的垂直分工，从而避免和减少水平竞争而带来的过度竞争，并提高各产业内部分工和专业化程度，加快武汉城市圈经济一体化进程。

7.1.1.2 商贸物流市场

武汉城市圈要通过对现代商贸和物流业发展的政策引导，促使运输方式从传统类型向现代物流转变。现代物流要具备专业化、信息化和标准化等特征，要以公路、铁路、航空为依托，通过货运信息网络，健全物流网络系统，构筑强大的现代物流服务平台；并且，要培养一批具有区域和国际竞争力的专业化物流公司，促进运输企业由承运人向经营人转变，形成圈内现代物流健康快速发展的良好态势。同时，还要大力推进交通运输结构调整，发展大型厢式货车、集装箱运输、水路联运等低耗高效的运输方式，降低运输成本，提高运输效益。

同时，为了便于武汉城市圈内农商合作形成长效机制，探索商品流通组织新形式，可以成立"农产品营销协会"，力争做到惠农、惠商、惠民。构建这种稳定的服务平台，形成长效的服务机制，将有利于武汉城市圈经济的共同发展，加强武汉城市圈内各城市的经济合作与联系；有利于名优企业农产品的生产，使各城市的名优农产品得到交流，快速进入武汉城市圈；通过协会这个平台，产销直接见面，减少商品流通的中间环节，降低流通成本，减少产销盲目性；有利于地区之间、行业之间、产销企业之间交流经验。

7.1.1.3　金融资本市场

武汉城市圈内的各级金融主管部门，应做好促进圈内经济发展的金融协调工作，逐步以武汉为中心建立城市圈金融协作机制，加强九个城市之间的金融合作，疏通圈内金融渠道，整合城市圈金融资源，促进小额信贷市场发展壮大，同时大力鼓励武汉市的金融机构，特别是股份制商业银行向城市圈其他城市拓展业务。要大力推进金融创新，形成融资量巨大、金融资产多元化、服务功能全且效率高的金融市场体系。在城市圈内部组建机制灵活、实力较强、管理规范的大型证券公司；积极引导信托公司等非银行金融机构的健康发展，服务实体经济；大力发展产业投资基金、资产证券化业务和证券投资基金。

7.1.1.4　科技教育市场

武汉城市圈内集中了全省近 90% 的高校和职业技术学院，国家在鄂重点实验室和院士汇集武汉，圈内还拥有众多科研院所，有各种专业技术人才近 70 万。武汉城市圈应充分利用武汉较为雄厚的科研实力，加强科技体制创新，推动科研成果开发，瞄准企业和市场需求，提高科研成果的转化率。同时，向周边城市辐射，形成共同研发项目，推动产品开发、科技攻关、技术改造。研发要以提高科技成果转化率为重点，促进城市圈高新技术产业进步，促进科技成果转化。

7.1.1.5 人才劳动力市场

武汉城市圈要充分利用人力资源优势，通过劳动力市场和人才市场的整合，加强人才的交流和培训；增强城市圈内劳动力市场和人才市场的服务功能；建立健全城市圈内各城市人才市场及劳动力市场与全区域乃至全国市场的网络联系制度；提高劳动力素质、开发人力资源和扩大就业；加强武汉科技人才对区域经济发展的支持，拓宽人力资源的就业范围，在充分利用武汉科教资源的基础上整合和优化城市圈的人力资源，为圈内城市培养高素质的劳动力资源，构筑人力资源共享平台。

7.1.2 发挥市场机制推动作用的措施

城市圈的经济联系不仅表现为圈内商品贸易的流动，还表现为城市圈内外要素的流动，市场机制就是要通过这些要素的频繁流动打破城市间行政区划的限制，最终推动城市圈内各城市经济功能的整合。城市圈内各城市之间只有不断进行资金、物质、技术、信息的交流，才能促进城市圈经济整合的有序进行。国内外先进的经验告诉我们，市场机制是推动城市圈经济整合的主导力量，只有在完全开放的市场条件下才能优化配置各种经济资源，形成区域间的合理分工与合作，最终实现城市圈经济一体化目标。

7.1.2.1 建立要素市场联系，降低市场壁垒

构建市场推动机制，需要加强产权交易市场、商贸物流市场、金融资本市场、科技教育市场、人才劳动力市场的建设，促进市场之间要素的自由流动。这就要求要发挥市场的主导作用，建立多层次、网络型的城镇经济体系，打破城市在准入标

准、资质认证、管理规范等方面的人为阻隔，降低市场壁垒，促进人流、物资流、资金流、信息流在城市圈内自由流动。建立这种要素市场之间的联系，可以借助于市场机制发挥吸引作用和扩散作用。主要表现在：

第一，通过技术创新与扩散。技术创新要素有四个，即机会、环境、支持系统和创新者。创新者根据市场信息与技术进步信息，抓住创新机会在合适的开发环境和创新政策下进行技术创新。市场机制的环境是最有利于创新的环境。技术的创新由于受到传导机制的影响会进一步扩散到周边城市，这样就能促进商贸、金融、科技、人才等市场的一体化发展。

第二，通过资本集中与输出。在市场机制发挥作用的体制下，资本的集中和输出都是通畅的。资本集中会给经济发达地区带来较快的经济增长，资本输出也会通过产业投资带来大量的利润，所以要保障资本集中与输出没有壁垒，促进市场机制充分发挥作用。

第三，通过规模经济效益。这是由规模扩大而产生经济效益的增长，规模经济所产生的溢出效益在市场机制的保证下能够对城市圈经济的发展发挥积极作用，通过产业集聚产生的规模经济也能加强要素市场之间的联系，促进市场机制的完善。

7.1.2.2 发挥产业集群的功效，提高扩散效应

市场机制能促进城市圈经济整合，也是推动我国城市圈经济发展的主导机制。武汉城市圈的发展离不开市场机制的有力推动，特别是市场主体功能的发挥。根据产业集群理论，在市场机制的推动下，优化产业链，依靠城市圈内的各类产业形成产业集群和产品集群，特别是高端产业集群和产品集群，这彰显着城市圈参与区域竞争的能力和水平。

实现产业集群的途径通常有两种，一是通过扩大投资规模，二是通过企业的联合。只有实现功能互补、整合城市圈内的资

源，才能培育出城市圈内高端的产业集群，产生规模效益。这样才能产生较强的集聚扩散效应。

在当今竞争日趋激烈以及产品需求信息迅速变化的情况下，仅仅靠扩大投资规模，风险比较大，还应建立跨区域的大型企业集团。该集团的建立不仅能带动城市圈经济的发展，形成规模经济和聚集经济效应，还能够绕过行政区划壁垒，推进一体化进程。跨区域大型企业集团应该自主追求经济效益和生存空间，按照市场规律经营，政府只充当"守夜人"角色，不替企业做决定。只有充分调动和发挥企业的主观能动性和积极性，才能使市场机制充分发挥作用。以武汉城市圈为例，经过多年的打造，位于武汉市的"中国光谷"园区已成为高新技术产业的制高点，"园外园"的建设也在如火如荼进行，已基本形成高端产业集群的雏形。武汉高新区先后与鄂州、孝感、咸宁、仙桃等圈内 8 市共建产业园，产业扩散效应显著，为企业跨区发展提供了好的思路。

从目前的情况来看，武汉城市圈市场机制还有大量的发展空间。在制造业方面，要依托现有的基础，优化产业结构，完善产业配套体系，大力发展产业链经济，提升制造业的国际竞争能力。在高新技术产业方面，要重点依托"中国光谷"园区，加大研发力度，大力发展新能源、电子信息等高新技术产业。同时，还要充分利用武汉市的科技、信息和人才优势，鼓励国内大型企业和跨国公司在武汉设立研发机构，掌握和发展核心技术，培育自己的研发体系，增强企业的核心竞争能力，把制造业的发展建立在依靠科技创新的基础上。因此，武汉城市圈只有按照优势互补、利益共享的市场机制原则，才能实现制造业和高新技术产业的合理分工与布局，最终形成城市圈的产业集群。

7.1.2.3 发展优势产业，缩小圈内城市之间的差距

整合城市圈经济功能，其目的就是为了保持城市圈的整体竞争力，培育出具有竞争力的优势产业集群，特别是高新技术产业集群。正如前文所述，城市圈内的产业集群要遵循市场机制原则，充分调动企业的主观能动性，形成城市圈内部和外部的竞争，才能不断创新，永远保持活力和竞争力。美国硅谷之所以能够成为高新技术产业集群的聚集地，成为高新技术人才创新和创业的中心，就是由于其充分利用了市场机制的规则，开展合理的产业集群内部与外部竞争。

合理的竞争是企业创新的动力，也是企业可持续发展的保证。以武汉城市圈为例，从产业结构上看圈内几乎都是钢铁、纺织、服装、医药、建材、化工等产业，不仅在产品上存在竞争，在行业上也存在竞争。在产品竞争方面，主要是由质量和服务等不同方面的差异化带来的竞争；在行业竞争方面，通过市场竞争，促使圈内各城市寻求适合自身发展的产品和行业。在各城市的比较优势相近的情况下，各城市相互之间的竞争会促使企业在服务、管理、营销、专业化等方面下功夫，促使各地政府提供更加高效的服务，从而使产业或企业的比较优势提升为竞争优势，从生产低附加值产品转化为生产高附加值产品，不断延长产业链和产品的生命周期，做大做强整个产业链条。因此，应大力鼓励城市圈内产业之间的竞争。

此外，"专业化"是通过"本地化"实现的，所以产业之间的竞争有利于推动专业化分工并与本地化联系在一起。虽然武汉城市圈内的产业都有一定的本地化特征，但是这种本地化的特征主要还是体现在对资源的依赖上，要做到知识和技术的本地化还有很长的路要走。在经济全球化和区域经济一体化的条件下，劳动力、资金、原料或基础设施等较易获得的生产要素已不再是大多数产业的主要竞争优势，而那些企业能在本土环

境中获得的有持续创新、自我升级的优势才是主要优势，并且这些优势是不太容易被复制和模仿的。这些才是推动当地经济发展的根本，也有助于缩小和其他城市之间的差距。

因此，武汉城市圈要真正实现经济一体化的战略目标，必须使产业实现本地化，把握优势的同时将本地知识与先进的技术、管理手段相结合，培育出真正的优势产业，在市场机制的指引下，加强圈内城市间的合作，降低中心城市的首位度，缩小圈内城市之间的差异。

7.2 武汉城市圈经济一体化的政府调控机制

市场是实现城市圈经济一体化的前提和条件，但大都市圈的经济整合需要一些重要的基础条件，如基础设施的网络化、制度统一化等，而这些很难靠市场解决，需要政府推动。政府在城市圈发展中的作用主要体现在：充分发挥宏观调控职能，协调和处理圈内各城市政府之间的关系，组织经济运行秩序，平衡利益和矛盾，消除各种阻碍区域间要素和产品流动的行政壁垒，促进一体化的整体发展。特别是像我国这样一个市场机制还不是很完善的国家，仅依靠市场机制去整合武汉城市圈发展的经济功能，可能需要漫长的时间。政府应采取相应对策，克服各种困难，解决城市圈发展中存在的问题。所以，在我国，政府调控机制依然是城市圈发展中实现经济整合的重要因素。

7.2.1 构建政府调控机制体系

7.2.1.1 创新管理体制，推动城市圈协调发展

首先，在湖北省成立武汉城市圈经济发展管理机构，可由常务副省长挂帅，省发改委牵头，相关省厅负责人、各城市市长

任委员，协调和确定城市圈发展的重大问题。其次，要积极建立跨区域的交通信息网络，为该地区的合作和发展提供良好的基础设施。加强各级政府的联系，加快基础设施建设，促进城市圈一体化的深入发展，特别是加快高等级公路建设，以及城际轨道交通建设和信息网络建设。最后，要以人为本，减少居民在城市间迁徙的成本，解除城市圈居民迁徙的地域限制。

7.2.1.2　统一区域的发展规划和制度建设

目前，武汉城市圈的规划大多局限于行政区划内，需要统一制定如武汉城市圈发展战略等。另外，还要制定武汉城市圈内各层次、各领域的具体规划，并在具体规划基础上形成城市圈经济一体化的总体规划，加强城市间发展规划的衔接。

圈内各城市的政策和制度难免有冲突和矛盾，需要在省政府领导下，各城市政府之间达成共识，设立多层次的行政协调机制。对武汉城市圈而言，可成立武汉城市圈管理委员会，并设立相应的协调执行机构，如建立武汉城市圈协调会制度，确定合作领域具体任务的实施，签署双边或多边协议等。同时，成立专业合作工作小组，具体制定和实施各相关领域合作计划。①

7.2.2　发挥政府调控机制作用的措施

政府机制具有规范、诱导、强制的作用，恰当发挥政府职能是实现城市圈经济一体化的基本前提，也能克服社会组织机制和市场机制在城市圈经济一体化中的缺陷。要发挥政府调控机制的作用需要先明确中央和地方政府的职能，然后建立相应的政府调控机制。

---

① 陈建军. 长三角经济合作模式：政府推动和企业主导 [J]. 浙江经济，2004（17）：42.

7.2.2.1 制定统一的规划和法规

政府在实现城市圈经济一体化的过程中的一项基本职能就是制定相关的城市圈经济协调发展战略，运用各种政策引导和推动城市圈经济的合作和发展，最终实现城市圈经济一体化。

前文研究了国外城市圈经济一体化的经验，给我们的启示是：不管是日本的东京都市圈，还是法国的巴黎都市圈和美国的纽约都市圈，在制定和实施城市圈经济整合规划的过程中都有相关的专项规划、法规作为指导思想，并且严格按照这些法规开展都市圈经济整合工作。以日本东京都市圈为例，该城市圈经济整合规划建设之所以能够取得成功，在很大程度上得益于日本政府完善的法律体系。由于日本土地资源稀缺，再加上地区经济发展不平衡，促使日本政府较早地重视运用全国性或区域性的政策进行国土开发和整治，以适应社会经济发展的不断变化和需要。为了保证东京都市圈经济整合规划的顺利有效实施，日本政府先后制定了《首都圈整备法》《国土综合开发法》《全国综合开发计划》，从而把国土开发和城市圈整治引上了法制化的轨道。

近年来，武汉城市圈按照国家"两型"社会建设总体方案，制定了多项发展规划，这标志着武汉城市经济圈的发展规划已经上升到国家战略高度。但是，以法律的形式规范条例还很欠缺，湖北省政府也应尽快制定如"武汉城市圈区域发展与管理条例""关于武汉城市圈经济合作开发规定"等区域法规，引导和规范城市圈经济的发展。

7.2.2.2 加强地方政府之间合作协调

根据"囚徒困境"理论，地方政府因有自己独立的经济利益，在政策模糊或协调机制不完善以及"经济人"理性的驱使下，往往都会选择自己的占优策略，导致城市圈内出现产业分工不明确、产业同构、产品同质和恶性竞争等现象，从而陷入囚徒困境。这样，城市圈内的资源当然就不可能得到合理利用，各自的比较优势也不能有效发挥。可见，地方政府在城市圈经济整合中扮演着重要角色，会影响城市圈经济整合功能的发挥。要想实现城市圈经济整合，需要各城市地方政府履行相应的职能。具体来讲，包括以下两个方面：

第一，以要素和资源优化配置以及效益最大化为目标，实现联动互利、共同发展。要实现城市圈经济整合，需要圈内各城市地方政府加强行政协调，联手制定城市圈的财政政策、货币政策、产业政策等，克服政出多门、各自为政的弊端。与此同时，在产业发展、招商引资、土地批租、外贸出口、人才流动、技术开发、信息共享等方面，要联手制定统一政策；在户籍制度、就业制度、住房制度、教育制度、医疗制度、社会保障制度等方面也要加强行政协调，推进城市间制度建设一体化进程，着力营造区域经济发展无差异的政策环境，最终为实现圈内城市间产业错位和引资错位发展的目标创造条件。

第二，建立经济运行规则。城市圈经济要整合，需要建立统一的信用评价标准，实行统一的市场准入和退出机制、统一的商标保护等国际化的市场运行规则，取消产品准入的附加条件，对取得安全认证标志的产品应允许自由流通，取消以行政区界为依据的区域歧视政策，在市场准入、税收等方面一视同仁，为各类市场主体创造公平竞争的环境，促进各城市资源的优化配置，降低经济主体的交易成本。为此，圈内各城市间可进行工商联手，增加商品交流的广度和深度。统一规划建设资本、技术、人才等要素市场网络，完善区域服务网络。统一市场监管规则，加大知识产权保护力度，为科技成果的市场化提供良好的法制环境，协同推进城市圈经济的互动发展。

7.2.2.3 促进产业布局的调整和升级

政府在产业布局过程中发挥着不可或缺的作用。对高污染、高能耗的传统衰退产业，要求其必须退出。具体而言，应对衰退产业实行必要的调整援助政策，重点解决好在衰退产业调整中的核心问题即劳动力和资本的转移问题。政府还可以制定吸引投资的一系列优惠政策，建立和完善管理制度，协调企业之间的行为，维持企业之间的良性竞争与合作格局，提供良好的基础设施条件，引进新的项目、技术、产业或大型企业集团，引进低投入、低能耗和低污染的企业。重点发展以生物医药、新能源、电子信息、光机电一体化和环保科技等具有成长性和高附加值的世界先进产业，打造具有国际竞争力的高科技产业集群。省政府应强调产业集群的概念，寻求在区域产业集群中适合自己的位置，为城市圈内所有企业创造低成本的产业环境，增强各地企业间的联系。在具体服务内容上，应根据各城市特色和城市圈所处的成长阶段，及时提供产业集群所需的公共服务，积极创建各城市主体相互协同的软硬环境。①

7.2.2.4 加强城市圈内基础设施建设

城市圈的基础设施是沟通城市间联系的桥梁，是城市间产业合理分工和打造产业集群的基础。完善的基础设施不仅可以降低圈内企业的运输成本和信息传递成本，而且可以强化城市政府的统筹规划意识和合作意识。因此，加强城市圈内城市间的基础设施建设，特别是交通基础设施和信息基础设施建设，是完善政府机制的一项措施。具体表现在：

首先，加强交通设施、信息网络、公共服务、人才流动、技术开发等方面的建设，促进城市圈中城市间的联系，彻底消除市场壁垒，同时还要为企业参与市场竞争提供公平、公正、公开的政策环境。其次，建立政策协调机制，实现城市圈地方经

---

① 陈飞，翁华强.城市圈战略中的政府定位［J］.特区经济，2005（3）：29-30.

济政策的基本统一：统一地方税税种与税率、统一协调财政补贴政策、统一协调投资政策、统一协调引资政策、统一开发区规划等。最后，实施企业最低工资保障制度，并不断上调最低工资标准，这是政府在经济不断增长的背景下对劳动力基本权益的一种保护。政府在实施最低工资保障制度中，不断上调企业最低工资标准，是对区域各经济地域单元劳动力素质结构和产业质量结构进行调节，进而实现生产要素合理流动的一种政策手段。

7.2.2.5　加强公共服务的均等化建设

这里的公共服务是指纯公共服务，包括义务教育、公共卫生、基础科学研究、公益性文化事业和社会救济等。要实现公共服务的均等化，最根本的是要改变当前城乡分割的格局，改善不合理的体制，统筹建设城乡公共服务一体化的服务体系，把握人口流动性不断增强的客观趋势，继续进行户籍制度改革，引导城乡劳动力合理流动。建立一系列公共服务制度，包括义务教育制度、社会保障制度、公共医疗卫生制度、公共收入与公共支出制度、公共基础设施建设制度、社会合作制度等，提高人均享有的服务设施水平、人均可支配收入、人均财政收入等，缩小农村和城镇居民的收入差距。

7.2.2.6　加强生态环境保护的立法建设

2003年，国务院发布《排污费征收使用管理条例》及《排污费征收标准及计算方法》，以实行排放污染物总量收费和排污费收支两条线管理为核心，确立了市场经济条件下的排污收费制度，进一步规范了排污费的征收、使用和管理。同年，当时的国家计委会同财政部、国家环保总局和国家经贸委联合发布了《排污费征收标准管理办法》，财政部和国家环保总局发布了《排污费资金收缴使用管理办法》，使排污收费制度进一步完善。

武汉城市圈要根据国家法律法规实现由"单因子收费"向

"多因子收费"的转变。例如，污水、废气、固体废物及危险废物排污费均按排放污染物的种类和数量计征，其中超标排放污水的加倍计征，噪声排污费按排放噪声的超标声级计征。对排污费的征收、使用和管理，严格实行收支两条线，征收的排污费一律上缴财政，进入财政预算，列入环境保护专项资金，全部用于污染治理；环保执法资金由财政予以保障，从制度上避免挤占、挪用排污费等问题的发生。同时，把排污费的征收对象由超标排放污染物的企事业单位拓宽到直接向环境排放污染物的一切单位和个体工商户，任何排污者都必须承担缴纳排污费的义务，甚至可以将之归入法律法规规定的民事责任。

7.3 武汉城市圈经济一体化的民间组织促进机制

除政府和市场发挥作用外，还应利用民间组织的力量来推动城市圈经济一体化。民间组织是指社会性中介组织。以民间组织的力量来推进城市圈经济一体化[1]，不仅成本低、见效快，而且不容易受地方利益的影响。民间组织是推进城市圈经济一体化建设的重要桥梁，起着重要的中介作用。需要采取措施，构造社会力量参与的发展机制。

民间组织机构主要有行业协会、中介机构、人才储备系统、发展论坛等。民间组织机制是城市圈经济一体化中市场机制和政府机制的补充，它不仅弥补了政府和市场机制的缺陷，还加强了城市圈经济一体化进程中的社会参与和监督。

---

① 马斌. 长三角一体化与区域政府合作机制的构建 [J]. 经济前沿，2004 (10)：27-28.

7.3.1 构建民间组织促进机制体系

7.3.1.1 加强监督政府服务职能

加强监督政府服务职能，形成正确的发展政策、方针、思路和战略。应公开透明，广泛听取社会各方面的意见，提高决策的民主和科学水平，借助各类民间组织的力量推进地区协作。武汉城市圈可以依靠高校和科研单位的专家建立研究咨询机构，使其成为城市圈政府决策的咨询参谋机构。通过统筹规划，有序推动圈内"产学研"一体化，构建区域技术创新体系，提高城市圈的整体技术创新能力。

7.3.1.2 发展各种类型的民间组织

目前，武汉城市圈内民间组织的发展现状与经济建设、政治建设、文化建设的需求不相适应，民间组织的数量、规模、结构、布局总体上还不能满足经济社会发展的需要。因此，武汉城市圈应明确民间组织发展的指导思想、总体原则、目标任务，制定民间组织发展类别名录，并向社会推介，引导社会按照社会发展需求，发展民间组织，逐步建立起与经济社会发展相适应的定位准确、功能齐全、作用显著的民间组织体系。

7.3.2 发挥民间组织促进机制作用的措施

前文已明确了市场机制和政府机制在城市圈经济整合机制中的功能定位，并探讨了构建城市圈经济整合的政府机制和市场机制的相关措施。然而，城市圈经济整合的主体依然是企业，由于企业是以追求利润最大化为目标，它必然要以自己的切身利益作为考虑问题的出发点和落脚点，这就决定了城市企业、行业的经济整合除了市场机制和政府机制的组织协调外，圈内企业之间、行业之间自身的组织协调也是非常重要的。因此，在这里有必要进一步讨论民间组织机制方面的相关问题。

7.3.2.1 设立城市圈管理协调机构

如前文所述，城市圈的发展，除中央政府和地方政府履行各自的基本职能之外，还需要不受地方政府干预又不干预地方行政事务、具有独立管理和协调城市圈内不同城市间规划和布局的管理协调机构。这样，就可以克服城市圈内各级地方政府的城市本位论思想和地方保护主义思想，树立城市圈经济发展"一盘棋"的整体观念，携手共建城市圈经济整合机制。为此，在推动城市圈经济整合方面，需要建立城市党政主要领导互访和定期磋商机制，并与城市圈管理协调机构一起在中长期发展战略及规划思路、区域发展政策、市场规制、跨省市重大建设项目布局等方面加强协调衔接。

城市圈经济整合过程就是圈内城市间分工合理化的过程，但这一过程不能单纯依靠市场机制来调节，更需要政策的规范与引导。当区域系统内的经济单元处于以行政区划为单元的经济发展状态，各个城市间若没有人为地创造条件，为了寻求一种每个城市都能够受益的利益协调机制，实现城市圈经济整合利益最大化的目标，最好的办法就是借鉴国外城市圈协调管理的经验，建立相应的城市圈管理协调机构。城市圈管理协调机构是实现城市圈经济整合不可或缺的组织保障。

在这方面，美国纽约城市圈设立纽约区域规划协会（Regional Plan Association of New York，RPA）就是一个成功的经验。这些跨行政区的协调组织或者都市区政府，并没有剥夺地方政府的权力，而是对传统行政管理体制的必要补充。它的存在极大地增强了规划的科学性、民主性和权威性，并使区域经济协调发展成为可能。我国的城市圈所缺乏的并不是规划，而是缺乏像欧美国家那样形式多样的协调组织或者都市区政府。

7.3.2.2 充分发挥行业协会的功能

行业协会是一种主要由会员自发成立的会员制的、在市场中开展活动的、以行业为标识的、非营利的、非政府的、互益性的民间组织。① 城市圈发展对于行业协会的需求主要体现在行业规划协调、促进区域创新、实现行业管理等多个方面。行业协会作为政府和企业之间的桥梁，能够畅通政府产业结构政策的传导机制，有效解决个体理性与集体非理性之间的矛盾，较好地承担起把握行业发展趋势、制定集群发展战略的重要职能。行业协会接受政府的委托，承担对本行业的行业分析、技术资格认定、资质初审等职能，协助各级政府加强对本行业的管理。同时，行业协会通过调研、对外交往、行业分析、信息交流等方法，从不同角度向政府提供意见、建议和信息，有的甚至直接为政府提供本行业的发展规划，提供宏观经济管理的决策依据。行业协会还通过本组织的各项活动，及时把政府出台的有关政策和国家颁布的法律法规贯彻落实到企业中去，并对实施中发现的问题及时反馈，有利于政府决策的透明化和管理的科学化。

行业协会是当今国际经济发展的必然产物。行业协会可以促进城市圈内各城市间的交流和互动，防止重复建设和无序竞争，最终实现城市圈空间经济一体化。行业协会除了要履行自己的行业职能，还应该组织企业开展各种形式的城市圈内外国际技术和经济合作的交流活动，为行业会员拓展国内外市场创造条件。行业协会起到了沟通政府和企业的桥梁作用，能够协助解决区域重复建设、产业同构等问题，促进区域内企业的合作。城市圈内的行业协会必须突破行政区划障碍，组织跨地区的行业联盟，共同制定城市圈行业发展规划、城市圈共同市场规则，推进城市圈市场秩序的建立。目前，武汉城市圈内各城

---

① 贾西津，沈恒超．转型时期的行业协会——角色、功能与管理体制 [M]．北京：科学文献出版社，2004：11．

市的中介组织——行业协会发展的力度不够，在促进城市圈一体化的进程中所起的作用不大，因此首先要大力发展各城市的行业协会，同时加强城市间行业协会的合作，建立跨区域的行业协会，充分发挥其作用，从而推动城市圈经济一体化的实现。

7.3.2.3 组织城市圈发展论坛

城市圈经济整合其实是对旧的城市管理模式和发展模式的一项重要改革。改革就需要有相应的理论支持，需要多方论证，这样才有可能取得重大突破。城市圈经济整合是一个复杂的系统工程，又是一个创新性的工程，而政府机制和市场机制在理论和实践方面的能力是有限的，这就需要社会机制中的学术性团体提供有价值的政策建议。学术性团体通过开展学术交流，推动城市圈内的管理创新和技术创新，为培养高尖端管理人才和科技人才搭建平台。学术性团体还通过科学缜密的分析，明确城市圈产业科技发展的方向，推动圈内企业更快发展和创新；同时，学术性团体还承担了社会化服务职能，特别是在科学知识普及、科技中介服务等方面发挥了重要作用，为提高圈内民众的科学素质做出了贡献。但是，这些职能的发挥需要有相应的平台基础，而城市圈发展论坛就是一个这样的平台。城市圈发展论坛，是旨在增加成员城市相互认同、交流相关成果经验，最大限度地听取社会各界建议、进行民主决策的公共讨论和社会参与机构。论坛的主要职能是为城市圈经济的科学民主决策和共同发展提供全方位的社会咨询服务。为此，在举行城市圈发展论坛期间应尽可能多地邀请与城市圈发展有关的重要机构和学者参加，应包括政府、学术界，以及有影响力的企业家、社会团体和市民代表，将其构筑成一个城市政府、企业、社会团体、个人之间进行全面交流与互动的平台。论坛应该在一个具有开放性、参与性和协调性的程序中，讨论城市圈发展中各城市和各部门的优势和弱点、发展的可能性与局限性、面临的主要区际矛盾和解决对策、环境保护等问题，尤其对一些有争议的重大区际问题，组织相关部门和专家进行专门研讨，促进各方形成统一的科学认识，并辅助制订具有可行性和可操作性的专项实施意见或方案，从而在总体上总结和归纳城市圈的发展方向和发展模式，制定并落实相应的实施方针。

7.3.2.4 建设城市圈人才储备系统

顺应知识经济时代的要求，发挥人才优势，建设城市圈高级人才储备系统，是提高政府决策水平，促进经济整合的重要智力保证。为此，应在充分发挥当地科技人才优势的基础上，积极吸收和聘请国内外相关研究领域的高级专家和专门人才，成立城市圈咨询决策公司，或依托其他经营管理已经成熟的咨询决策机构，进行市场化的运作和管理，对城市圈的相关问题进行专门的跟踪研究，为政府的科学决策提供有力的智力支持。对城市圈的城市空间协调、产业重组与跨国公司发展、资源城市转型与可持续发展、城市圈文化竞争力、生态环境恢复与重建、城市圈跨界组织与管理、现代市场体系建设、区域合作机制、城市圈行政区划改革等重大问题进行专项研究，努力解决限制经济整合与共同发展的重大问题。但在经济全球化和区域经济集团化的背景下，要树立新的开放理念，对城市圈经济国际化决策行为进行重点研究。其要点应当是：第一，深入研究走向世界区域经济的战略措施，加大对世界经济发展现状和趋势的分析预测，并定期召开具有国际水平的战略研讨会，使提供的决策建议不流于宏观、不失于微观，提高城市圈城市政府对国际区域经济真实层面把握的准确度。第二，加强对东南亚、欧盟、北美等区域经济贸易法规和 WTO 规则的研究，加快城市圈经济规则与世界经济规则的对接，逐渐增加政策透明度，克服决策的随意性，逐步增强其经济政策国际化操作的可行性，最终建立与 WTO 规则相符合的政府决策与管理体系，有效参与全球经济竞争。

7.3.2.5 完善中介组织的咨询服务功能

中介作为民间组织机制在城市圈经济整合中发挥着重要作用。它可以为政府的宏观调控提供信息咨询，为政府制定发展规划和确定发展方向提供建议，可以为市场主体——企业提供信息、法律、咨询等方面的服务，使企业提高经营管理水平，促使企业建立符合国际竞争要求的现代企业制度。可见，它是政府和市场之间的"二传手"和"调解员"，是连接政府与市场的桥梁，能够化解政府与市场"失灵"的问题。在城市圈的经济整合过程中，由于不同经济主体的具体利益诉求日趋个性化、复杂化，一体化社会利益结构被冲破，社会利益趋于多元化。由于新的利益群体形成，矛盾和摩擦在所难免，一旦处理不当，会使冲突加剧，影响城市圈的正常经济活动。另外，在城市圈的经济整合过程中，由于政企分开，在政府与企业利益关系的新格局中，需要中介组织来沟通和协调政府宏观管理与企业微观经济活动之间的关系。让中介组织参与不同经济主体之间的利益调整，要比政府与企业直接交涉效果好得多。纵观美国、日本、英国、法国等发达国家的城市圈发展历程，我们可以清楚地看到，这些国家不仅政府机制和市场机制比较健全，而且中介组织体系也比较健全，并且这些中介组织在城市圈发展中发挥了重要作用。因此，加强我国中介组织的咨询服务职能，是城市圈经济整合顺利实施的一个重要因素。

7.4 小结

由上述分析可知，武汉城市圈的经济一体化只有创新发展机制，才能得到有效推进；只有充分发挥政府、市场、民间组织的作用，才能得以实现。

　　具体来说，应充分发挥市场机制的作用来优化配置资源，构建要素流动自由的产权交易市场、商贸物流市场、金融资本市场、科技教育市场、人才劳动力市场，通过消除市场壁垒、发挥产业集群功效、增强扩散效应、发展本地优势产业、缩小圈内城市差距等措施，使市场机制的作用得以充分发挥。

　　此外，还要发挥政府调控机制的作用，通过创新管理和统一规划构建政府机制内容，充分发挥政府的导向性作用，在宏观上作用于城市圈经济一体化发展。同时，通过制度规划、指导协调、完善立法、产业布局、基础设施、公共服务等措施来保障政府机制的建立。

　　最后，还要充分发挥民间组织机制的促进作用。在城市圈经济的发展过程中，通过加强民间组织的服务功能和多元化发展民间组织机构来构建民间组织的促进机制，设立第三方协调机构、建立行业协会、组织发展论坛、建立人才储备系统、完善中介组织，有序推进武汉城市圈经济一体化发展。

8 武汉城市圈经济一体化建设的总体思路、原则和措施

8.1 建设城市圈经济一体化的总体思路

武汉城市圈要实现区域协调发展，提升综合竞争力，应该采取"市场带动，利益驱动，扬长避短，优势互补，联合协作，整体推进，共同发展"①的思路，通过构造一体化的经济发展机制，注重发挥市场的主导作用、政府的推动作用、民间力量的桥梁作用合理配置资源，形成合力。

要实现城市圈经济一体化，必须在宏观层面上建立权威的市场、政府、民间组织保障体系，从而加快地区间企业的制度整合；在中观层面上要立足武汉，加快产业集聚发展，改善空间结构布局，加强分工协作；在微观层面上推出一揽子政策促进交通、信息、能源网络的建设，加强经济联系和资源的保护、利用。

---

① 中南财经政法大学课题组. "大武汉"城市圈建设与中部地区发展问题研究 [J]. 经济参考研究，2003 (5)：76.

8.2 建设城市圈经济一体化的基本原则

基于武汉城市圈的发展机制和发展思路分析，笔者认为在推进武汉城市圈经济一体化的过程中，要坚持"区域共同发展、市场主导运行、政府推动实施、民间中介协助"的原则，并将这一原则贯穿始终（见图 8.1）。

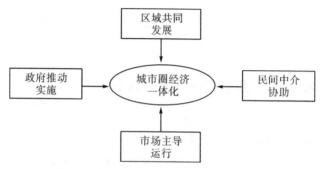

图 8.1 推进城市圈经济一体化的基本原则

8.2.1 区域共同发展原则

武汉城市圈的发展应打破传统的行政单元格局，以经济区域为单元，以利益为纽带，促进区域经济共同发展。中国经济结构的一个重要特征是以行政区划为单元、按行政区划来独立地组织和调控经济。随着我国市场化进程的加快，在全球化背景下，特别是加入 WTO 后，资本、劳动力、技术、信息等要素大范围地集聚与流动，经济活动出现以经济区域为单元、以市场化管理为主的趋势。在市场的作用下，特别是当统一、开放、竞争、有序的现代市场体系逐步建立健全以后，城市圈内各级政府开始尝试改变以行政区划为本的思维和行为惯性，其经济活动也由以行政关系为中心转向以交易关系为中心、从注重单个地域的发展转向注重整个区域的发展。通过优化区域经济结构与布局，加强区域经济合作与协调，搭建区域发展平台，营造良好的区域发展环境，就可以实现区域发展成本最小化。

8.2.2 市场主导运行原则

市场经济条件下的城市圈经济一体化，完全不同于计划经济条件下的协作关系。市场经济就是让市场中的每一个人、每一个微观主体都能通过市场发挥自己的作用。市场情况瞬息万变，仅依靠计划和制度来控制各种经济要素已经是不可能了，只有通过市场机制才能解决如生产要素的配置等问题。市场在区域资源配置和经济运行中居于主导地位，重要的生产要素如资本、资金、人才等的区位选择将主要由市场来决定。在这个过程中，政府提供规则、创造一个公平竞争的环境，让市场主体按照市场规则进行交易，逐渐形成市场经济基本的行为方式。

8.2.3 政府推动实施原则

正确处理政府与市场的关系，在武汉经济圈建设中具有重要意义。在社会主义市场经济条件下，城市圈的形成有赖于市场机制发挥作用，通过强化区域经济联系，以市场为导向、以利益为纽带，将区域内的城市结合在一起。但政府不是不作为，特别是在城市圈形成初期，更需要政府的规划、引导和协调。政府在城市圈发展中的作用主要是：提供无差异的公共产品，协调并主动撤除各种妨碍区域间要素和产品流动的行政壁垒。①

---

① 陈建军. 长三角经济合作模式：政府推动和企业主导 [J]. 浙江经济，2004（17）：28.

政府应努力为城市圈内的企业及时提供产业集群所需的公共服务，创造低成本的产业发展环境，增强各地企业间的联系。

8.2.4 民间中介协助原则

民间组织是我国国民经济和社会发展的重要力量，是结构调整、技术进步的关键因素，其在武汉城市圈经济一体化中将发挥越来越大的作用。

以民间力量来推进城市圈经济一体化，具有成本低、见效快的优势，而且不容易受地方利益的影响。在城市圈内充分发挥权威民间机构在多边和双边区域经济交往中的作用，并保持政府部门与这些机构之间的意见沟通具有十分重要的意义。

8.3 武汉城市圈实现经济一体化的措施

要实现中部崛起，必须建设武汉城市圈。加快武汉城市圈一体化建设，无疑是提升武汉经济实力、实现湖北率先在中部崛起的重要战略举措。在这一进程中，要充分发挥市场、政府、民间组织三大机制的作用。根据规划，武汉城市圈一体化的发展体现在五个方面，结合武汉城市圈这五个方面的发展现状，笔者有针对性地提出以下发展措施：

8.3.1 基础设施一体化方面

基础设施一体化，是城市圈经济一体化的基础，是发展武汉城市圈的首要任务。要加快机场、公路、铁路、航道、港口、信息、能源等基础设施建设，同时要加快交通运输和信息网络的管理体制改革，探索区域性基础设施协调发展的经营机制和投融资体制。

8.3.1.1 完善公路网

根据国务院批准的武汉城市总体规划，到 2020 年，武汉市路网发展分为三级：第一级发展环形路网，以内、中、外三个环形高速公路为骨架；第二级发展放射性路网，使 13 条出口路、20 条周边路和 18 个连通道呈放射性；第三级发展藤蔓路网，以武汉绕城高速公路以外的地方经济干线为主。根据这个规划，武汉市要修建武汉至洪湖高速出口路、武汉至仙桃汉川出口路、武汉至孝感高速公路、武汉至红安高速出口路、武汉至麻城高速公路、武汉至鄂州高速出口路、武汉至咸宁高速出口路共 7 条公路与周边城市对接。①同时，要重点完成武汉市中环线向外辐射的出口高速公路的环形放射状路网；以现有京珠、沪蓉高速公路为支撑，加快圈内城市间的高速公路建设，完成各城市所辖县、市之间的高等级干线公路的改造，形成公路网络化、客运便捷化、货运物流化、运营管理智能化、安全和品质最优化的公路运输体系。

8.3.1.2 发展水运网

武汉城市圈最具比较优势的是水资源。发展水运是开发水资源的重要方面，做好水文章，对建设武汉城市圈有重大作用。水运占地少，运力大，有利于环保。大力发展水运事业，是交通运输业可持续发展的主要取向。继续整治长江中游航道，加快规划和建设主枢纽港和专业码头，继续实施必要的航道治理工程，形成以长江、汉江为主通道，并沟通其他主要通航支流的干支联网的区域航道网；加强专业化码头建设（如集装箱码头），大幅度提高港口的机械化作业水平；加大运输船舶更新改造的力度，大力发展江海直达运输、汽车滚装运输、液化石油

---

① 孙滨，何孝齐. 武汉城市总体规划出炉，强化六大服务功能 [N]. 湖北日报，2007-06-18.

及沥青等特种运输；大力发展长江旅游航线，开辟高速客运航线，推动城市圈旅游事业发展；结合南水北调中线工程，实施汉江下游河道的引江济汉工程，改善汉江下游的水环境和航运能力；加大运输船舶的更新改造力度，大力发展江海直达运输，重塑长江"黄金水道"。

8.3.1.3 建设铁路网

做好沿江铁路的扩能改技、武东"武汉火车站"的兴建、武昌火车站的改扩建、京广客运专线的建设等项工作；建设开通武汉—鄂州—黄石、武汉—咸宁—赤壁、武汉—孝感—安陆等城际铁路，实现城际铁路公交化。重点完善既有的铁路干线，提高既有铁路的装备水平，加快既有干线铁路全面提速和加快高速铁路和客运专线的建设，推动铁路支线、专用线的配套建设，形成以高速铁路为主干、快速线路为构架、普通线路为分支的铁路运输体系，增强武汉城市圈发展的铁路辐射能力。

8.3.1.4 加快航空网建设

加快天河机场第二航站的建设，增加省内各机场间及其至全国旅游城市的航线和航班密度，提高空运能力和货物吞吐量；加大基础建设投入，开辟国际航线，进一步提升武汉航空中心枢纽的地位。

8.3.1.5 加快信息网建设

以公用通信网建设为重点，跨越式发展信息产业，完善信息化基础设施，建设以武汉为中心的"大武汉城市圈信息高速公路"，构建城际多网互联互通、资源共享的一体化信息网络，加速区域信息化进程。运用先进的电子信息和通信技术对传统运输系统及管理体制进行改造，形成一种信息化、智能化、社会化的新型网络系统，涵盖通信、医疗、教育、商贸等方面；继续推进政府上网工程、企业上网工程，加速建立完整、统一、先进的信息基础设施，提高中小城镇信息化水平；大力推动经济圈企业信息化、农业信息化和公共领域信息化建设。

8.3.2 产业布局一体化方面

8.3.2.1 发挥产业集聚功能，提高辐射效应

产业集群效应的发挥需要政府机制的介入。政府在产业集群发展过程中要着眼于为城市圈内所有企业创造低成本的产业环境，增强各地企业间的联系，制定吸引投资的一系列优惠政策，建立和完善管理制度，强化和丰富产业集群的社会资本，协调企业之间的共同行动，催生和维护企业之间良性的竞争与合作格局，提供良好的基础设施，为投资者创造良好的投资环境，为本地产业集群的发展提供基础设施完备的工业园区和交通网络等。在具体服务内容上，应根据各城市特色和城市圈所处的成长阶段，及时提供产业集群所需的公共服务，积极创建各城市主体相互协同的软硬环境。

目前，武汉城市圈产业集聚的重点是优化布局，改善产业配套环境，建设一批特色产业基地，形成产业链和产业体系，实现产业一体化发展。城市圈作为一个大的经济区域，圈内通常有多个产业集群，但对圈内经济发展起主要推动作用的产业集群只有少数几个。对于武汉城市圈，要大力发展三大主导产业集群，即武汉东湖高新技术开发区以光电子信息、新材料、生物工程等为主的产业集群，武汉经济开发区以汽车制造、IT设备、精细化工等为主的产业集群，武汉吴家山海峡两岸科技产业园区以汽车配件、食品工业、农产品加工等为主的产业集群。在构建武汉城市圈经济发展基本架构的基础上，要进一步推进产业布局一体化，以武汉高新技术开发区、经济技术开发区和吴家山海峡两岸科技产业园为主要辐射极，向周边八市扩散，做大做强各个城市的先导产业和支柱产业，促进城市圈内不同企业竞争优势的形成，从而为区域竞争优势的形成奠定基础。

同时，为了缩小城乡经济差距，实现圈内经济融合发展，引导和发展与各个地方环境相适应的产业集群，需要采取多种产业集群发展模式，吸引投资者和企业家关注周边城市的产业。比如发挥武汉市的教育和人才优势，通过大专院校和科研机构吸引众多民营企业参与建立高新技术产业集群。

武汉城市圈这个产业集群一旦形成，将产生非常大的吸引力和辐射效应。区域竞争优势所形成的巨大辐射效应会吸引政府、投资者及产业集群外相关企业的目光，促进政府加大产业集群内相关基础设施建设，同时会使国内外投资者纷纷进入产业集群内投资建设新企业。

8.3.2.2　加强城市分工协作，实现差异发展

武汉城市圈是我国中、东、西部协调发展的战略支点，起着重要的东西协调、南北沟通的作用，是国家区域发展战略布局的重要组成部分，是我国内陆地区最具活力的增长极。一定要加快编制武汉城市圈区域共同发展规划，科学确定各个城市的发展目标、产业特色和功能定位。武汉城市圈中心城市首位度高，城市间发展断层明显，没有形成合理的梯度结构，因此从武汉及周边城市的发展历史和现实条件看，建立圈域内分工协作机制，找准各城市的市场定位显得尤为重要和迫切。首先要确立中心城市的定位，形成具有自身特色的现代制造业行业群、基础行业群和高新技术行业群。其次，要根据圈域内其他城市的特点建立分工协作机制。

武汉城市圈应该定位为充分发挥"居中"的区位优势，构建为我国内陆地区最大的以满足内需为主的生产要素和产品服务市场中心。① 圈内各城市也有不同的定位。武汉市的定位要

---

① 孙晓郁. 明确大武汉城市圈的特色与定位 [OL]. http://www.hb.xinhuanet.com.

高，要"跳出"武汉发展武汉；周边城市要有所为、有所不为，集中力量发展其所长，主动融入武汉经济圈板块。根据表 6.1（武汉城市圈各城市主导产业）、各地 GDP 和人口规模，结合各城市的实际情况，我们总结出圈内各城市的发展定位。

武汉：要以"优化自身、辐射省域、携手中部、立足中国、放眼世界"为宗旨，以结构调整、功能提升和布局优化为重点，大力推进体制创新，保持经济稳定增长，成为城市圈以及中部地区发展的"领头羊"；要大力发展以光电子信息设备制造、轿车制造为主的现代制造业基地，以生物技术为核心的新医药保健品产业基地、环保产业基地，努力打造成华中地区的经济、贸易、金融、交通信息和科技教育中心。

黄石：是武汉的"工业粮仓"，已发展成为有一定规模的大中型城市，成为城市圈发展的"副增长极"。农业重点发展养殖业，工业重点抓好冶金、建材、机械、纺织、轻工五大传统产业的创新，以高新技术开发区为载体，重点发展光电子信息产业、新型材料产业、新型生物和医药产业、机电一体化产业和节能产业。

鄂州：处于城市圈的核心圈层，整个鄂州正与武汉形成一小时经济圈。重点发展农业水产养殖和绿色蔬菜食品，不断延伸服装、建材、食品等产业链，高新技术产业的重点是生物医药、电子信息和新材料。

孝感：孝感市进入武汉的农产品及其加工产品占武汉市农产品商品总量的 40%。要发挥农业优势，加快农副产品供应基地的建设；要重点抓好汽车、盐磷化工、建材三大产业，提高盐磷化工产品的质量和档次。

黄冈：是我国有名的"将军县""教授县"，黄冈中学是全国重点高中之一，这些文化品牌能够极大地提升黄冈地区的知名度和认知度，有助于打造特色"黄冈文化品牌"。同时，重点发展网络软件、生态医药、机电一体化、精细化工和新材料；第三产业主要发展旅游业、信息业和商贸业。

咸宁：拥有良好的自然、人文环境，森林覆盖率达52.23%。第一产业重点开发以桂花、楠竹为特色的花卉林业，工业突出轻工、纺织、机械、建材、冶金五大产业。保护自然资源，积极发展生态经济，加快发展旅游业。

仙桃：是湖北省内唯一的"百强县"。要着力培植以优质水产、蔬菜为重点的高效农业，以纺织服装、精细化工为重点的现代工业，以电子信息、现代商贸为重点的新兴产业，重点培育精毛纺和精细化工品牌。

潜江：拥有得天独厚的优势，蕴藏着6400万吨石油、5600亿立方米天然气和3400亿吨岩盐，还有经国家批准开采的卤水101.8亿立方米，应重点发展制药、石油机械、有色金属加工和油盐化工。

天门：利用"内地侨乡"优势积极吸引侨胞投资，实施以棉花为主多类别的农业产业化经营，加速以纺织服装、医药化工、食品饮料为主体的工业发展。

8.3.2.3 巩固武汉中心地位，提高综合实力

建设武汉城市圈，武汉必须成为其经济中心。经济中心指的是生产、管理、控制与决策中心。武汉作为老工业基地，要进一步扩大工业规模，并实现由基地型向中心型、龙头型的转变。制造业优势曾铸造了"武汉制造"的辉煌。但近30年来，由于种种原因，这种优势没有得到最大发挥。近几年来，随着现代制造业从全球向中国转移，从东部沿海向中西部转移，武汉的制造业优势再次引起业内的极大兴趣。因此，武汉市应加大行业整合力度，延长产业链，培育企业核心竞争力，实施精品名牌战略，提高工业开放度，把武汉初步建成以五大产业基地（以通信设备和激光产品为特色的光电子信息产业基地、以轿车

制造为重点的现代制造业基地、钢材制造及新材料产业基地、生物工程及新医药产业基地、环保产业基地）为支撑的具有自身特色的全国性现代制造业基地，使武汉工业发展水平整体跨入全国先进行列。

当前全球经济格局的特点是，与发达国家产业的高科技化、虚拟化相伴随的传统制造业向发展中国家转移，世界经济逐步形成以发达国家跨国企业集团为纽带的全球化分工体系。我国东部沿海城市通过适时引进外资，充分参与这种国际化分工，在改革开放30年的时期内受益颇多，也造成我国东西部地区差距拉大。作为中部地区经济、金融和科技中心的武汉在中西部具有较大的优势，而且武汉市政府及时提出把武汉发展成为华中地区现代制造业中心的战略规划，将促进武汉市企业的发展壮大和各种经济成分的齐头并进。事实上，武汉市一批产业规模和竞争能力居全国前列、经营国际化的大企业、大集团正在发展壮大，一批"专、精、特、新"的中小型民营企业也逐步有了竞争力。汽车产业、电子信息产业、食品饮料产业、造纸印刷包装产业、电器机械及器材产业、生物工程和新医药产业等支柱产业正在成为"武汉新工业的旗帜"。随着国企改革的进一步深化，企业竞争力将在国际化分工中迅速增强，武汉市要努力发展成为当之无愧的华中制造业中心，再创辉煌。

8.3.3　区域市场一体化方面

充分发挥武汉城市圈在湖北行政区域内的体制优势，合理配置资源，形成合力；打破行政界线，构建社会政策体系，为城市圈经济一体化发展提供制度保证。

8.3.3.1　建立地方政府协调制度

城市圈经济一体化往往产生于不同行政区域，各城市政策和制度之间的冲突和矛盾在所难免，因此就需要政府之间达成共识，设立多层次的行政协调机制，降低贸易壁垒。如建立武汉城市圈协调会制度，确定合作领域具体任务的实施，签署双边或多边协议等；同时，成立专业合作工作小组，具体制订和实施各相关领域合作计划。

8.3.3.2　完善共同市场体制

整合城市圈内城市的发展政策，完善城市圈共同市场，加强行政协调磋商。比如，在招商引资、土地批租、外贸出口、人才流动、技术开发、信息共享等方面制定统一政策，着力营造一种城市圈一体化无差异的政策环境，彻底清除市场壁垒，为企业参与市场竞争提供公平、公正、公开的政策环境，构建共同的产权交易市场、商贸物流市场、金融资本市场、科技教育市场和人才劳动力市场。

8.3.3.3　促使公共服务均等化

均等的公共服务能促进要素的自由流动。武汉城市圈要建立一系列公共服务制度，平衡区域市场内的公共服务，包括义务教育制度、社会保障制度、公共医疗卫生制度、公共收入与公共支出制度、公共基础设施制度、社会合作制度等，提高人均享有的服务设施水平、人均可支配收入、人均财政收入等，缩小农村和城镇居民的收入差距，促使市场一体化的实现。

8.3.4　城乡建设一体化方面

城乡一体化是指城市与乡村两个不同特质的经济社会单元和人类聚落空间，在一个相互依存的区域范围内谋求融合发展、协调共生的过程。城市和乡村是一个整体，人口、信息、资金和物资等要素在城乡之间自由流动。[①] 武汉城市圈城乡建设的一

---

① 张玲. 武汉城市圈城乡一体化机制创新 [D]. 武汉：华中师范大学，2009：129.

体化就是要在城乡建设中加强城乡要素自由流动，缩小城乡差距。

8.3.4.1　政府主导、市场引导

在资源配置上，市场手段明显优于政府手段，但基于目前我国市场发育不健全，经济发展对城市圈推动有限的情况下，应由政府来进行规划安排、制度设计、组织实施，并采用倾斜政策来推动整体发展。通过政府对农村的政策倾斜和税收减免等措施，提高农村居民的收入，缩小城镇与农村居民收入的差距。

8.3.4.2　城乡公共服务均等化

加大政府的财政支持力度，优化调整财政支出结构，保障公共教育费用逐步增长。充分发挥企业、社团、个人的合力，完善发达地区支援贫困地区的制度，统筹城乡教育发展的规模、结构、布局，促进教育资源在城乡之间、学校之间合理布局和充分流动，缩小城乡教育差距。要深化农村卫生管理体制改革，发挥县级医疗卫生机构的龙头作用，整合城乡卫生资源，建设以乡村组织为主的村级卫生室，承担最基本的医疗服务和村级公共卫生任务。加大对城乡劳动力进行就业培训的力度，使之具备当前市场需要的劳动技能和相应的专业知识，具备参与市场竞争的能力。

8.3.4.3　解决好城乡户籍问题

由于城乡二元结构突出，大量农民涌入城市，城市却无法给予他们平等的身份和待遇。政府应逐步把就业、教育、医疗、社会保障、住房等与户籍脱钩，为城乡一体化建设提供政策支持。

现行户籍管理制度是一种限制人口流动的制度，不利于城乡统筹发展。但是，城市目前的容纳能力有限，如果马上取消户籍制度，可能在管理上会造成一定的困难，因此户籍制度改革应有一个渐进的过程。在人口比较集中的大城市，比如在武

汉可尝试推行绿卡制度,进城务工人员如果在武汉的工作时间超过一年或两年,并且有正式职业,就可以获得在武汉市的居住资格。对于圈内其他的中小城市,比如仙桃、天门、潜江则可以考虑取消城乡分割的户籍管理制度,实行按居住地或就业单位登记的户籍制度,使户籍只起到表明居民居住地的作用,而不是作为社会身份的一种标志。只有完全取消了二元户籍制度,才能真正打破附着在二元户籍制度上的城乡居民之间不平等的劳动就业、教育、医疗和社会保障制度,真正赋予进城农民以平等地位。

8.3.5　环境保护和生态建设方面

可持续发展强调的是经济与环境协调发展,追求的是人与自然的和谐。可持续发展不仅要使当代个人得到充分发展,又要保护生态环境,不对后代的生存与发展构成危害。武汉城市圈资源丰富,应更好地利用、开发和保护资源,这是城市圈可持续发展的重要方面。

8.3.5.1　循序渐进开展资源建设

对已进入国家建设项目的电厂应循序渐进地开展建设,要依据环境承载力来完善农网与城市网改造,实行圈内同网同价,提高电能保障能力。要以"西气东输"和"川气入汉"为契机,力争天然气管道贯穿区域内 9 个城市,实现供气网络化,解决生产、生活所需的能源问题。

8.3.5.2　加强资源保护的立法

要注重资源开发、保护与共享,加强立法。武汉城市圈要根据国家的《排污费征收使用管理条例》《排污费征收标准管理办法》《排污费资金收缴使用管理办法》等法规,并结合自身情况,出台圈内的环境保护管理办法,使排污收费制度进一步完善。共同做好长江、汉江等水资源的合理开发和利用,加强堤防、水利和退耕还林项目建设；以山地、河流、农业、森林生态保护区为基础，提高区域内森林绿化覆盖率，形成生态绿色经济圈，实现武汉城市圈资源、环境的可持续发展。

8.3.5.3 关注生态园区建设

生态园区建设是武汉城市圈"两型社会"改革试验区建设的重要载体，对我国中部地区转变经济发展方式、提高资源和能源利用效率、促进区域可持续发展和工业生态文明建设具有重要的意义。目前，《武汉开发区国家生态工业示范园区建设规划》已通过审批进入建设阶段。武汉开发区是继天津滨海新区、苏州工业园、苏州高新区、无锡高新区后第五个获得国家生态工业示范园区称号的地区。

9 结语与研究展望

9.1 主要结论

本书在综述城市圈发展相关理论的基础上，对武汉城市圈经济一体化的发展现状进行了分析，提出了武汉城市圈经济一体化的发展机制和措施。通过分析论证，得出以下结论：

9.1.1 政府、市场、民间组织通力合作

城市圈是一个复合体，其经济一体化的推动力是多方面的，需要构造城市圈一体化运行机制。城市圈在发展中应充分发挥政府、市场以及民间组织等多种力量的共同作用。需要城市圈政府间加强合作与交流，降低区域间经济发展成本，为各类经济体提供统一、公平的市场环境；需要市场推动促成城市圈产业一体化的形成，使区域形成良好的分工协作体系；需要民间力量作为桥梁，有效连接城市圈体系中的诸多要素，形成城市圈统一的服务体系。

9.1.2 圈内城市差距较大，中心城市首位度偏高

从政策、区位、资源、关联度等方面来看，武汉城市圈都具

备了发展一体化经济的条件。从"武汉城市圈"这一概念提出到现在，9个城市间的经济联系逐步加强，城市圈整体经济发展迅速，圈内各城市交通、通信等基础设施建设初具规模，一体化建设已经有了基本雏形，具有巨大的发展潜力。但与珠三角、长三角以及京津冀城市圈相比较，武汉城市圈经济一体化程度还不高，经济总量、经济结构、外资利用等方面也存在着非常大的差距，仍需要不断提高城市圈的发展水平。此外，城市圈内城市之间的差距显著，中心城市武汉市的城市首位度较高，已高达6.4，各城市的公共服务水平也不均等，产业布局也有诸多不合理之处，城市之间产业集聚效果和扩散效应不明显，需要进一步加强产业的集聚功能。

9.1.3 明确定位，分工协作，差异发展

武汉城市圈的一体化发展并非同质化发展，要因地制宜地在基础设施、产业布局、区域市场、城乡建设、环境保护与生态建设五个方面做好一体化的工作。圈内各城市的发展水平参差不齐，产业分工不明确，缺乏统一协调和整体联动，严重影响了武汉城市圈的发展。城市圈经济一体化强调相邻城市为谋求共同发展而在社会再生产的主要领域甚至各个方面实行经济联合与共同调控，形成一个不受地域限制的产品、要素、劳动力及资本自由流动的统一区域，强调统一的市场体系、统一的基础设施等。各城市要根据自身的资源禀赋正确定位，有所为、有所不为。这样，既能产生整体效应，也能使各局部功能实现最优化，从而促进整体功能的提升。

9.2　主要启示

9.2.1　城市圈一体化发展是必然趋势

在全球经济一体化和区域经济一体化的大背景下，走区域联合和协调发展之路，已成为任何一个地方获得经济持续增长的必然选择。以大都市为核心的都市密集区构成的城市圈，成为区域经济一体化的骨干和主导力量，推动和主导着一定区域乃至一个国家的发展。我国东部沿海三大城市圈发展的事实，也说明了实施城市圈发展战略是推动区域经济发展的重要方式。因此，大力发展城市圈经济，推动城市圈实现经济一体化是我国城市化进一步发展的必然要求。

武汉城市圈的发展既是区域经济发展的内在需要和必然趋势，又是实现我国"中部崛起"的现实选择，必将提高我国中部地区的区域竞争力。

9.2.2　一体化发展中政府治理是关键

政府要以促进共同繁荣和发展为宗旨，加快建立武汉城市圈权威管理机构和高效的合作机制，根据新形势，紧密结合城市各自的发展战略，在以往交流合作的基础上不断创新，积极寻求互利合作的新途径、新办法，实现合作机制的制度化和规范化，提高交流与合作的质量和水平，在政府的统一领导下建设武汉城市圈。但是，政府对实体经济的干预和介入必须适度，"过"和"不及"都不好。政府在城市圈建设的这一阶段积极介入，不是去抑制市场配置资源的基础性作用，而应当是为市场发挥主导作用创造条件，主要是消除城市圈内要素自由流动的体制性阻碍，推动产业结构调整，协调跨行政区域的重大项目，推动资本、技术、信息、人才等要素市场的建设，加快形成以武汉为中心的城市圈大市场网络。同时，城市圈经济一体化中的政府治理还要求各地方政府消除行政割裂，统筹协调城市圈的发展，着眼于城市圈的长远利益而非各地方的短期利益，真正实现城市圈的可持续发展。

9.3　尚需进一步探讨的问题

9.3.1　武汉城市圈的定量研究

本书对城市圈经济一体化的研究，虽有一定的数据支撑和定量分析，但主要还是依靠定性分析，定量分析仍显不够。如对武汉城市圈基础设施一体化和产业布局一体化的研究，由于受到数据搜集的限制，没能全面地说明一体化的发展水平，仍需加强数据搜集，这样才能更加准确地把握城市圈经济一体化的状况，从而为其发展提供更科学、更全面的决策参考。

9.3.2　一体化的动态发展研究

武汉城市圈的一体化是伴随着改革开放而形成和发展的动态过程，本书着重从城市圈经济一体化的现状出发，研究武汉城市圈经济一体化过程中存在的问题以及如何形成有效推动经济一体化的机制，但缺乏对城市圈城市之间发展历史和未来展望的研究。展望城市圈发展的未来，特别是对城市圈经济一体化实现后地区管理模式的研究，可以从更长远的角度对圈内各城市的发展进行规划，从而促进整个城市圈经济的可持续发展。因此，从动态角度研究城市圈的经济发展，值得今后进一步研究和探讨。

附　录

有关政策文件

　　[1] 2011 年 8 月 23 日，湖北省人民政府《湖北省人民政府关于印发湖北省公路水路交通运输发展"十二五"规划纲要的通知》（鄂政发〔2011〕46 号）。

　　[2] 2002 年 6 月 10 日，俞正声在中国共产党湖北省第八次代表大会上的报告《全面贯彻"三个代表"重要思想　为加快湖北现代化建设而努力奋斗》。

　　[3] 2004 年，中共湖北省委办公厅《湖北省发展和改革委员会关于加快推进武汉城市圈建设的若干意见》（鄂办发〔2004〕26 号）。

　　[4] 2006 年 9 月 20 日，湖北省人民政府《湖北省人民政府关于印发湖北省公路水路交通运输发展"十一五"规划纲要的通知》（鄂政发〔2006〕49 号）。

　　[5] 2007 年 1 月 16 日，湖北省人民政府《湖北省人民政府办公厅转发省财政厅关于支持武汉城市圈建设有关财税政策意见的通知》（鄂政发〔2007〕5 号）。

　　[6] 2008 年 6 月 30 日，湖北省工商局《关于印发〈武汉城

市圈市场主体准入一体化试行办法〉的通知》 （鄂工商注
〔2008〕124 号）。

[7] 2008 年 11 月 11 日，湖北省人民政府《关于印发武汉
城市圈"两型"社会建设综合配套改革试验空间、产业发展、
综合交通、社会事业、生态环境规划纲要的通知》 （鄂政发
〔2008〕66 号）。

武汉城市圈主要经济指标（2011）

表1 武汉城市圈三大产业生产总值及人均 GDP 比较

指标　　　Item	土地面积 (平方公里) Land Area (sq.km)	常住人口 （万人） Total Population (year-end) (10 000 persons)	地区生产总 值 (亿元) Gross Regional Product(100 million yuan)	第一产业 (亿元) Primary Industry (100 million million yuan)	第二产业 (亿元) Secondary Industry (100 million yuan)	#工业 (亿元) #Industry (100 million yuan)	第三产业 (亿元) Tertiary Industry (100 million yuan)	人均地区 生产总值 (元) Per Capita Gross Regions Prduct (yuan/person)
合计　**Total**	58052	3050.87	11865.52	1116.39	5838.81	5024.56	4910.32	39042
武汉市 Wuhan Municipality	8494	1002	6762.20	198.70	3254.02	2709.02	3303.48	68286
黄石市 Huangshi Municipality	4583	243.46	925.96	68.81	577.56	522.36	279.59	38075
鄂州市 Ezhou Municipality	1594	105.1	490.89	60.99	289.83	269.54	140.07	46759
孝感市 Xiaogan Municipality	8910	482.49	958.16	195.11	453.69	408.69	309.36	19880
黄冈市 Huanggang Municipalit	17446	621.04	1045.11	290.00	406.86	324.00	348.25	16894
咸宁市 Xianning Municipality	9861	246.79	652.01	118.80	309.25	285.81	223.96	26452
仙桃市 Xiantiao Municipality	2538	118.26	378.46	65.05	193.61	180.88	119.80	32104
潜江市 Qianjiang Municipality	2004	94.83	378.21	55.27	217.60	199.10	105.34	39926
天门市 Tianmen Municipality	2622	136.9	274.52	63.66	136.39	125.16	74.47	19694

表 2 武汉城市圈就业与投资比较

指标 Item	就业人员 (万人) Employed Persons (10 000 persons)	第一产业 (万人) Primary Industry (10 000 persons)	第二产业 (万人) Secondary Industry (10 000 persons)	第三产业 (万人) Tertiary Industry (10 000 persons)	全社会固定资产投资 (亿元) Investment in Fixed Assets (100 million yuan)	#房地产开发投资完成额(亿元) #Investment in Real Estate Development (100 million yuan)	地方一般预算财政收入(亿元) Revenue of Local Governments (100 million yuan)
合计 Total	1709.21	437.20	559.31	712.70	7823.29	1561.94	925.69
武汉市 Wuhan Municipality	498.00	61.10	189.50	247.40	4263.24	1282.25	673.26
黄石市 Huangshi Municipality	133.80	28.00	54.00	51.80	597.45	42.51	53.84
鄂州市 Ezhou Municipality	63.52	20.89	20.46	22.17	336.85	18.82	26.31
孝感市 Xiaogan Municipality	298.60	90.20	100.60	107.80	729.24	56.40	51.58
黄冈市 Huanggang Municipality	353.00	125.00	99.00	129.00	823.71	62.15	51.61
咸宁市 Xianning Municipality	147.56	44.11	37.75	65.70	563.08	65.46	35.56
仙桃市 Xiantiao Municipality	89.10	32.40	27.20	29.50	178.11	16.34	13.13
潜江市 Qianjiang Municipality	46.70	10.60	12.60	23.50	175.54	5.75	12.50
天门市 Tianmen Municipality	78.93	24.90	18.20	35.83	156.07	12.26	7.90

表 3 武汉城市圈税收及农村居民收入比较

指标 Item	#各项税收 (亿元) #Taxes (100 million yuan)	地方财政支出 (亿元) Expenditures of Local Governments (100 million yuan)	农村居民人均纯收入(元) Annual Per Capita Disposable Income of Rural Households (yuan)	城镇居民人均可支配收入(元) Annual Per Capita Disposable Income of Urban Households (yuan)	农林牧渔业总产值(亿元) Gross Output Value of Agriculture (100 million yuan)	粮食产量(万吨) Output of Grain (10 000 tons)
合计 Total	722.66	1594.14	6993	21636	4252.90	2388.53
武汉市 Wuhan Municipality	547.68	765.04	9814	23738	329.49	120.86
黄石市 Huangshi Municipality	38.99	128.69	6487	17003	102.15	61.01
鄂州市 Ezhou Municipality	19.41	56.67	7909	17008	108.75	32.98
孝感市 Xiaogan Municipality	35.58	172.61	7029	15888	355.90	214.39
黄冈市 Huanggang Municipality	32.33	225.54	5438	14731	463.82	301.14
咸宁市 Xianning Municipality	24.25	127.07	6588	14875	196.18	100.68
仙桃市 Xiantiao Municipality	9.98	42.34	8006	15052	113.34	77.03
潜江市 Qianjiang Municipality	9.30	37.68	7684	15561	93.63	45.18
天门市 Tianmen Municipality	5.14	38.51	7407	13886	93.14	67.80

参考文献

[1] J. VINE. The Customs Union Issue [M]. New York: Damage Endowment for Intimation Peace, 1950.

[2] HECKSCHER. Mercantilism [M]. Two Volumes, 1931.

[3] HAAS, ERNST. The Uniting Europe of Europe [M]. Stanford: Stanford University Press, 1958.

[4] BALASSA, BELA. Theory of Economic Integration [M]. London: Allen and Unwin, 1962.

[5] NEUMANN J. A Model of General Economic Euquilibrium [J]. Review of Economic Studies, 1945-1946.

[6] R. NURKSE. Problems of Capital Formation in Underdeveloped Countries [M]. Oxford University Press, 1953.

[7] PAUL STREETEN. Unbalanced Growth [J]. Oxford Economic papers, 1959 (6).

[8] ALBERT O. HIRSCHMAN. The Strategy of Economic Development [M]. Yale University Press, 1958.

[9] GUNNAR MYRDAL. Economic Theory and Underdeveloped Regions [M]. London: Duckworth, 1957.

[10] GUNNAR MYRDAL. An American Dilemma: the Negro Problem and Democracy [M]. Haper & Brothers, 1944.

[11] M. POSNER. International Trade and Technical Change

［C］. Oxford Economic Papers, 1961（8）.

　［12］ MASAHISA FUJITA, PAUL KRUGMAN, TOMOYA MORI. On the evolution of hierarchical urban systems［J］. European Economic Review, 1999（43）.

　［13］蒲丽娟. 大武汉城市圈经济一体化发展研究［D］. 成都：西南财经大学, 2010.

　［14］阿尔弗雷德·韦伯. 工业区位论［M］. 北京：中国经济出版社, 2000.

　［15］阿瑟·奥沙利文. 城市经济学［M］. 北京：北京大学出版社, 2008.

　［16］安成谋, 张红. 我国区域经济发展战略探索［J］. 兰州商学院学报, 1997（4）.

　［17］白英瑞, 康增奎. 欧盟：经济一体化理论与实践［M］. 北京：经济管理出版社, 2002.

　［18］蔡来兴. 国际经济中心城市的崛起［M］. 上海：上海人民出版社, 1995.

　［19］陈飞, 翁华强. 城市圈战略中的政府定位［J］. 特区经济, 2005（3）.

　［20］陈计旺. 论实现我国区域经济一体化的共同市场建设［J］. 中国流通经济, 2004（4）.

　［21］陈建军. 长三角经济合作模式：政府推动和企业主导［J］. 浙江经济, 2004（17）.

　［22］陈瑞莲. 区域公共管理理论与实证研究［M］. 北京：中国科学出版社, 2008.

　［23］陈文科. 从大武汉到武汉城市圈［M］. 武汉：湖北人民出版社, 2008.

　［24］陈秀山. 区域经济理论［M］. 北京：商务印书馆, 2003.

［25］陈耀. 中部是我国区域协调发展中的关节点［J］. 决策咨询，2003（11）.

［26］程馨. 武汉城市圈产业一体化发展研究［D］. 上海：华东师范大学，2007.

［27］程艳. 中国区域经济整合的"泛一体化"框架及其多维取向［J］. 改革，2012（5）.

［28］大友笃. 地区分析入门［M］. 东京：东洋经济新报社，1982.

［29］董晓峰，史育龙. 都市圈理论发展研究［J］. 地球科学进展，2005（10）.

［30］董延涌. 辽宁沿海经济带区域一体化发展对策［J］. 宏观经济管理，2011（1）.

［31］多马. 资本扩张、增长率和就业［C］. 经济增长理论论文集，1946.

［32］凡蓉蓉. 武汉城市圈经济一体化发展研究［D］. 上海：华东师范大学，2006.

［33］范里安. 微观经济学：现代观点［M］. 上海：上海人民出版社，1994.

［34］冯春萍，宁越敏. 美日大都市带内部的分工与合作［J］. 城市问题，1998（2）.

［35］高汝熹，罗明义. 城市圈域经济论［M］. 昆明：云南大学出版社，1998.

［36］高汝熹，吴晓隽. 大上海都市圈结构与功能体系研究［M］. 上海：上海三联书店，2007.

［37］哈罗德. 论动态理论［J］. 经济学杂志，1939.

［38］郝寿义，安虎生. 区域经济理论［M］. 北京：商务印书馆，2003.

［39］湖北省财政厅课题组. 财政支持武汉城市圈建设研究

[J]. 经济参考研究, 2003 (68).

[40] 湖北省地方志编纂委员会. 湖北省志·经济综合管理 [M]. 武汉：湖北人民出版社, 2002.

[41] 湖北省社会科学院. 关于武汉城市圈的提出、论证和规划编制 [J]. 社会科学导报, 2007 (3).

[42] 湖北省社会科学院. 研究服务地方政府的成功实践 [J]. 中国社会科学院院报, 2008 (8).

[43] 纪晓岚. 长江三角洲区域发展战略研究 [M]. 上海：华东理工大学出版社, 2006.

[44] 贾西津, 沈恒超. 转型时期的行业协会——角色、功能与管理体制 [M]. 北京：科学文献出版社, 2004.

[45] 江文晟. 城市圈建设中的产业政策探讨 [D]. 武汉：华中科技大学, 2004.

[46] 金石. 长三角区域经济一体化的基础：市场一体化 [J]. 浙江万里学院学报, 2005 (4).

[47] 康凤立. 剑指战略转型, 助力中原崛起——农商行服务中原经济区建设促进"三化"协调发展的定位及有效途径 [N]. 中华合作时报, 2012-08-20.

[48] 柯善咨. 中国市场一体化与区域经济增长互动：1995—2007 年 [J]. 数量经济技术经济研究, 2010 (5).

[49] 李江. 区域经济一体化中的地方政府间竞争——基于不完全信息博弈模型分析 [J]. 城市发展研究, 2009 (8).

[50] 李鹃文, 姚华松. 全球化背景下武汉城市圈经济发展的思考 [J]. 世界地理研究, 2004 (12).

[51] 李璐, 季建华. 都市圈空间界定方法研究 [J]. 统计与决策, 2007 (2).

[52] 李小建, 苗长虹. 增长极理论分析及选择研究 [J]. 地理研究, 1993 (9).

［53］李小建．经济地理学［M］．北京：高等教育出版社，1999.

［54］林德特．国际经济学［M］．北京：经济科学出版社，1992.

［55］刘文华．欧盟一体化性质及特点［J］．国家问题研究，2004（2）.

［56］刘振亚．中国区域经济研究［M］．北京：中国经济出版社，1993.

［57］陆大道．区域发展与空间结构［M］．北京：科学出版社，1995.

［58］陆玉麒．区域发展中的空间结构研究［M］．南京：南京师范大学出版社，1998.

［59］罗宾·汤普森．大伦敦战略规划介绍［J］．城市规划，2003（1）.

［60］罗布森．国际一体化经济学［M］．上海：上海译文出版社，2001.

［61］罗明义．论城市圈域经济的形成规律及特点［J］．思想战线，1998（4）.

［62］罗蓉．论区域经济一体化演进机制及城市主导作用［J］．社会科学战线，2009（9）.

［63］马斌．长三角一体化与区域政府合作机制的构建［J］．经济前沿，2004（10）.

［64］迈克尔·波特．国家竞争优势［M］．李明轩，邱如美，等，译．北京：华夏出版社，2002.

［65］迈克尔·波特．国家竞争优势［M］．李明轩，邱如美，译．北京：华夏出版社，2002.

［66］孟祥林．"一体两翼"的京津冀城市群发展模式分析［J］．环渤海经济瞭望，2010（5）.

［67］苗长虹．城市群作为国家战略：效率与公平的双赢 ［J］．人文地理，2005（5）．

［68］苗长虹．中国城市群发育与中原城市群发展研究 ［M］．北京：中国社会科学出版社，2007．

［69］潘庄晨．我国对外区域经济一体化的发展特点及战略 研究 ［J］．经济纵横，2010（7）．

［70］彭际作．大都市圈人口空间格局与区域经济发展—— 以长江三角洲大都市圈为例 ［D］．上海：华东师范大学，2006．

［71］彭彦强．区域经济一体化、地方政府合作与行政权协 调经济体制 ［J］．改革，2009（6）．

［72］蒲丽娟．论中国行业协会社会责任的厘定与完善 ［J］． 中国法学，2011（3）．

［73］曲凌雁．大巴黎地区的形成与其整体规划发展 ［J］． 世界地理研究，2000（4）．

［74］全俄经济区划委员会．苏联经济区划问题 ［M］．北 京：商务印书馆，1961．

［75］上海市经济委员会．世界服务业重点行业发展动态 ［M］．上海：上海科学技术文献出版社，2010．

［76］石薛桥．经济转型期区域经济发展与地方政府的作用 ［J］．华北工学院学报，2004（2）．

［77］石忆邵，张仁彪．从多中心城市到都市经济圈——长 江三角洲地区协调发展的空间组织模式 ［J］．城市规划汇刊， 2001（4）．

［78］丝奇雅·沙森．全球城市：纽约、伦敦、东京 ［M］． 周振华，译．上海：上海社会科学院出版社，2005．

［79］斯旺．经济增长与资本积累 ［J］．Economic Record， 1956．

［80］孙大斌．由产业发展趋势探讨我国区域经济一体化动

力机制［J］. 国际经贸探索, 2003（6）.

[81] 孙久文. 区域经济规划［M］. 北京: 商务印书馆, 2005.

[82] 孙思远, 胡树华. 浅析国内外城市群研究现状及瓶颈［J］. 商业现代化, 2009（4）.

[83] 索罗. 对经济增长理论的一个贡献［J］. 经济学季刊, 1956（2）.

[84] 谭纵波. 东京大城市圈的形成、问题与对策对北京的启示［J］. 国外城市规划, 2010（2）.

[85] 汤碧. 区域经济一体化模式比较［J］. 南开经济研究, 2002（3）.

[86] 王放. 中国城市化与可持续发展［M］. 北京: 科学出版社, 2000.

[87] 王缉慈. 超越集群: 中国产业集群的理论探索［M］. 北京: 科学出版社, 2010.

[88] 王缉慈. 创新的空间: 企业集群与区域发展［M］. 北京: 北京大学出版社, 2005.

[89] 王珺. 武汉城市圈结构特征及成因研究［D］. 武汉: 华中科技大学, 2006.

[90] 王梦奎, 陆百甫, 卢中原. 新阶段的中国经济［M］. 北京: 人民出版社, 2002.

[91] 王圣军. 大都市圈发展的经济整合机制研究［D］. 成都: 西南财经大学, 2008.

[92] 卫龙宝, 阮建青, 傅昌銮. 产业集群升级、区域经济转型与中小企业成长: 基于浙江特色产业集群案例的研究［M］. 杭州: 浙江大学出版社, 2003.

[93] 魏后凯. 比较优势、竞争优势与区域发展战略［J］. 福建论坛: 人文社会科学版, 2004（9）.

[94] 沃尔特·克里斯塔勒. 德国南部中心地原理 [M]. 北京：商务印书馆，1998.

[95] 伍贻康. 区域性国际经济一体化的比较 [M]. 北京：经济科学出版社，1994.

[96] 薛菁. 论区域经济一体化中地方政府的财税合作 [J]. 社会科学辑刊，2010 (4).

[97] 杨吾扬. 区位论原理 [M]. 兰州：甘肃人民出版社，1989.

[98] 姚莉. 区域经济一体化视角下的制度创新 [J]. 湖北社会科学，2009 (11).

[99] 姚士谋，陈振光，朱英明. 中国城市群新论 [M]. 合肥：中国科技大学出版社，2001.

[100] 袁家冬，孙振杰. 基于"日常生活圈"的我国城市地域系统的重建 [J]. 地理科学，2005 (1).

[101] 约翰·冯·杜能. 孤立国同农业和国民经济的关系 [M]. 北京：商务印书馆，1997.

[102] 张立勇. 西咸一体化发展研究 [D]. 杨凌：西北农林科技大学，2007.

[103] 张璐. 区域经济一体化促进经济增长收敛的机制分析 [J]. 西北师范大学学报：社会科学版，2010 (1).

[104] 张强. 全球五大都市圈的特点、做法及经验 [J]. 城市观察，2009 (2).

[105] 张伟. 都市圈的概念、特征及其规划探讨 [J]. 城市规划，2003 (6).

[106] 张秀生，卫鹏鹏. 区域经济理论 [M]. 武汉：武汉大学出版社，2008.

[107] 张耀辉. 区域经济理论与地区经济发展 [M]. 北京：中国计划出版社，1999.

[108] 张幼文. 世界经济一体化的进程 [M]. 上海：学林出版社，1999.

[109] 张震龙. 两湖平原经济一体化发展战略研究 [M]. 武汉：华中科技大学出版社，2008.

[110] 张治江，曹楠. 发展长株潭城市群的建议与启示 [J]. 理论前沿，2009 (24).

[111] 赵国岭. 京津冀区域经济合作问题研究 [M]. 北京：中国经济出版社，2006.

[112] 中共武汉市委党校课题组. "大武汉"城市圈与长三角、珠三角、京津冀比较研究 [J]. 长江论坛，2005 (5).

[113] 中共武汉市委党校课题组. 产业集群与武汉经济圈发展研究 [J]. 长江论坛，2005 (3).

[114] 中南财经政法大学课题组. "大武汉"城市圈建设与中部地区发展问题研 [J]. 经济参考研究，2003 (5).

[115] 周叔莲，郭克莎. 中国工业增长与结构变动研究 [M]. 北京：经济管理出版社，2005.

[116] 周一星. 城市地理学 [M]. 北京：商务印书馆，2011.

[117] 周一星. 城市研究的第一科学问题是基本概念的正确性 [J]. 城市规模学刊，2006 (1).

[118] 朱华晨. 浙江产业群：产业网络、成长轨迹与发展动力 [M]. 杭州：浙江大学出版社，2003.

[119] 邹卫星. 区域经济一体化进程剖析：长三角、珠三角与环渤海 [J]. 改革，2010 (10).

后　记

　　湖北——我的家乡，我国的"中部之中"。每当我踏上归途，回到家乡的怀抱，都会为它日新月异的变化而高兴。无论是张之洞推行"湖北新政"，还是毛泽东领导下的"赶英超美"，都把湖北省放在了前所未有的战略位置。然而，改革开放后，随着沿海地带的迅猛发展，致使"中部塌陷"问题凸显，中东部差距日渐增大。在全球经济一体化、区域一体化、城市集群化的发展背景下，以及"中部崛起"战略的提出，学者们一直在思考如何让武汉城市圈更好地抓住这次发展机遇，创新发展机制，实现经济一体化，从而带动中部地区经济的腾飞。

　　2011年年底，在导师张炜教授的指导下，笔者结合所学专业，开始对武汉城市圈经济一体化发展展开研究。在研究过程中，通过搜集信息，查阅文献，丰富了笔者对"城市圈"和"经济一体化"理论的认识，引发了笔者对相关问题更深入的思考，比如城市圈经济一体化的最终目标是什么，经济一体化的评判标准是什么，一体化的基本内容包括哪些。对这些问题的思考，加深了笔者对城市圈经济一体化的认识，并通过数据搜集和计量分析提高了实证分析水平。同时，笔者对研究中所涉及的民间组织之一——"行业协会"进行了深入研究，并在重要核心刊物《中国法学》上发文《论中国行业协会社会责任的厘定与完善》，为日后的研究打下了坚实的基础。

本书以武汉城市圈为研究区域，通过对国内外研究的综述和城市圈经济一体化发展理论的阐述，设立了城市圈经济一体化的基本要求和评价指标，并参照国内外成熟城市圈发展的经验，结合武汉城市圈发展的现状分析了五个方面的经济一体化内容，总结出该城市圈一体化进程中存在的三大机制问题，提出了推进武汉城市圈发展的机制优化和保障体系。

受笔者理论水平和实践经验的限制，本书的研究难免有不足之处，希望得到老师、同学的指正。本书虽建立了一个创新的评价指标体系，也有一定的数据支撑和定量分析，但由于指标获得途径受限，定量分析仍显不够。笔者虽孜孜以求，但因数据资料可获得性的制约，一些重要指标未能纳入其内，这在一定程度上影响到分析的严密性和准确性，笔者希望以后能在这些方面做出努力。

蒲丽娟

2015 年 3 月